近代名家首版著作導讀叢書

中國婚姻史

導讀

陳顧遠　著

上海科学技术文献出版社
Shanghai Scientific and Technological Literature Press

中國文化史叢書

第一輯

中國婚姻史

陳顧遠著

主編　王雲五　傅緯平

商務印書館發行

图书在版编目(CIP)数据

《中国婚姻史》导读/陈顾远著. —上海:上海科学技术文献出版社,2020
(近代名家首版著作导读丛书)
ISBN 978-7-5439-8065-5

Ⅰ.①中… Ⅱ.①陈… Ⅲ.①婚姻—风俗习惯史—中国 Ⅳ.①K892.22

中国版本图书馆CIP数据核字(2020)第016503号

组稿编辑:张 树
责任编辑:苏密娅

《中国婚姻史》导读

陈顾远 著

*
上海科学技术文献出版社出版发行
(上海市长乐路746号 邮政编码200040)
全国新华书店经销
四川省南方印务有限公司印刷
*
开本880×1230 1/32 印张8.5 字数170 000
2020年5月第1版 2020年5月第1次印刷
ISBN 978-7-5439-8065-5
定价:158.00元
http://www.sstlp.com

导　读

陈顾远(1895—1981),字晴皋,陕西三原人。著有《中国法制史》《政治学概论》《五权宪法论》《土地法》等。

《中国婚姻史》于 1936 年由商务印书馆出版,婚姻为社会现象,同时又为法律现象,社会学家及法学家均重视对此问题的探讨。《中国婚姻史》兼顾上述两种视角,可谓是现代中国婚姻史研究领域的开山之作。主要章节包括:婚姻范围;婚姻人数;婚姻方法;婚姻成立;婚姻效力;婚姻消灭等内容。

序

愚於多年前，曾寫中國古代婚姻史一稿，由商務印書館出版，並歸入萬有文庫中。今次再承商務印書館之約，寫中國婚姻史一稿。初因搜集材料較夥，已成三十餘萬言，爲編五，爲章十五。繼乃删煩去冗，存其要端，中國古代婚姻史所詳者，茲亦從簡，其結果僅占初稿三分之一，卽此作也。此作共分六章，曰婚姻範圍，曰婚姻人數，曰婚姻方法，曰婚姻成立，曰婚姻效力，曰婚姻消滅；係本梁任公縱斷爲史之法，與前作中國法制史同其體例。蓋必如是，始可對於我國過去婚姻之觀察，得其綱領，明其統系，不致支離散漫，偏於數斑耳。何以言之？

婚姻爲社會現象之一，而又法律現象之一，社會學家及法學家均甚重視其問題，詳爲探討，求有所明。是故進而序其史實，卽應兼備兩義，不能依意甲乙而定取捨也。按我國向之所謂婚禮，無論在婚義或婚儀方面，除有類於現代民事法者外，實卽當時代社會意識之結晶，此與社會現象爲有關者。我國向之所謂婚律，雖於明刑弼教一大目的之下，爲婚禮之輔，但婚姻之民事規定亦在其中，此與法律現象爲有關者。他如涉及婚姻之政令學說，又多本此兩種現象立義爲說；而在婚禮婚律範圍以外，其涉及婚姻之事實習慣等等，並恆見焉。如此複雜之內容，起源變遷不皆一致，前後交錯莫能劃分，倘純依朝代之興亡，以爲論斷，則削足適履之譏，難乎免矣！

然則純依主觀上之或種見解而分時代，不亦可乎？斯雖較前一方法爲優，惜乎或祇能就一部分之史實而作說明，仍不易羅列全豹於內也。且見仁見智各人自有評量，則於泛爲婚姻之史的敍述中，更未便以個人主觀上的或種見解，被於客觀的史實之外，喧賓奪主，應爲避也。故此作惟就有關婚姻之各種主要問題，分別從其本身，考其因果變遷，以所謂縱斷方法供純粹史實於讀者之前而已！

夫爲中國婚姻史之作，既不可囿於一隅，則關於各種問題之選擇，自不能僅以社會學或法學之立場爲限，有如上述。即涉及法律方面之問題，其內容之分配，亦不能拘泥於現行法令之體例，蓋就史言史，不得不然耳。嘗謂現代民法上以同居問題爲婚姻及於夫妻身分方面之效力，以財產問題爲就夫妻之財產制度而言。然在中國往昔，視婚姻爲結兩姓之好，而家的組織又較個人爲重，此種種問題實爲婚姻效力與家族方面之關係，殊難盡依今義，求古之合也。此例在本文中屢見不一，用特明之於茲。

雖然，此次材料之搜集固夥，經刪削結果，頗多捨棄，其實縱全用之，究因史籍浩繁，涉獵未遍，所遺漏者當不在少。且愚於經學有志研究，愧無深造，而文字學版本學亦爲治中國古代史者不可缺乏之知識，故關於中國婚姻史之詳，尚有待於異日。此作不過就中國過去之婚姻史實擇要爲論已耳。是爲序。

陳顧遠序於南京民國二十五年雙十節之夜

目錄

第一章　婚姻範圍……一
一　就語義的範圍上爲婚制之觀察……二
（甲）婚姻之語源……三
（乙）婚姻之目的……六
二　就禮法的範圍上爲婚制之觀察……一一
（甲）婚姻與禮制之關係……一二
（乙）婚姻與法制之關係……一五
三　就擇偶的範圍上爲婚制之觀察……二〇
（甲）以族系爲標準之婚制……二一

（乙）以階級爲標準之婚制……………………三〇

第二章　婚姻人數……………………二九

一　多夫多妻制之推測……………………四〇
（甲）與羣婚有關之禮俗……………………四〇
（乙）與羣婚有關之稱謂……………………四三
（丙）與羣婚有關之故事……………………四五
二　一夫一妻制之承認……………………四七
（甲）禮制上之一夫一妻制……………………四八
（乙）法制上之一夫一妻制……………………五二
三　一夫多妻制之演變……………………五四
（甲）雙妾及二嫡……………………五五

（乙）媵嫁及同嫁……五八
（丙）貴妾及賤妾……六二
四　一妻多夫制之偶見……六九
（甲）關於一妻多夫之奇例……六九
（乙）關於一妻多夫之遗俗……七〇
第三章　婚姻方法……七七
一　早期型之嫁娶方法……七八
（甲）掠奪婚之始末……七八
（乙）買賣婚之前後……八三
（丙）交換婚之觀察……八七
（丁）服役婚之推測……八八

二　後期型之嫁娶方法……八九
（甲）純正的聘娶婚之確定……九〇
（乙）混合的聘娶婚之種類……九二
（丙）繼與的志願婚之源流……九七
三　特殊型之嫁娶方法……一〇〇
（甲）選婚與罰婚……一〇一
（乙）贈婚與賜婚……一〇三
（丙）收繼與續嫁……一〇五
（丁）贅壻與養媳……一〇八
（戊）招夫與典妻……一一〇
（己）虛合與姘度……一一三
第四章　婚姻成立……一二一

一　婚姻之年齡問題……一二二
（甲）定婚年齡……一二三
（乙）成婚年齡……一二五
（丙）夫婦年齡……一二九
二　婚姻之故障問題……一三一
（甲）干分嫁娶……一三一
（乙）非偶嫁娶……一三六
（丙）違時嫁娶……一三九
三　婚姻之意責問題……一四一
（甲）主婚……一四二
（乙）媒妁……一四七
四　婚姻之程序問題……一五一

（甲）禮制方面之六禮……一五一
（乙）法制方面之婚約……一五六
（丙）結婚方面之儀文……一六〇
第五章　婚姻效力……一七三
一　婚姻與配偶關係……一七三
（甲）夫婦之地位問題……一七四
（乙）夫婦之一體問題……一七七
（丙）夫婦之順從問題……一八〇
（丁）夫婦之貞操問題……一八三
（戊）夫婦之能力問題……一八五
二　婚姻與家族關係……一八七

（甲）關於入家問題……一八七
（乙）關於同居問題……一九一
（丙）關於財產問題……一九四
（丁）關於婦道問題……一九九
（戊）關於主名問題……二〇一
三 婚姻與親屬關係……二〇四
（甲）由婚姻而生之親屬稱謂……二〇五
（乙）由婚姻而生之親屬服制……二〇九
（丙）由婚姻而生之親屬則例……二一三
第六章 婚姻消滅……二二三
一 婚姻之自然的消滅——再婚問題……二二四

（甲）妻死與再娶……二二四
（乙）夫死與再嫁……二二七
二　婚姻之人爲的消滅——離婚問題……二三三
（甲）離婚之意義……二三四
（乙）離婚之原因……二四〇
（丙）離婚之效力……二四七

中國婚姻史

第一章　婚姻範圍

易序卦云，「有天地然後有萬物，有萬物然後有男女，有男女然後有夫婦，有夫婦然後有父子，有父子然後有君臣，有君臣然後有上下，有上下然後禮義有所錯：」描寫社會進化之階段，層次劃然不紊，莫能否認。顧生民之初，男女雖有性的結合，實基於人類保種之自然法則所致，尙不得遽以夫妻名，亦不得即以婚姻論。此種兩性關係之表現，與其稱爲社會現象，無寧稱爲自然現象也。迨人類知識發展以後，男女結合漸有軌範，乃構成婚姻上之種種制度，或可稱曰婚俗；於此，有男女然後始確有夫婦矣。社會學家所謂「婚姻乃經過某種儀式之男女結合，爲社會所許可者，此種制度必以社會之許可爲其特徵，到處皆然」云云是也。（註一）由社會現象更進一步，而有法律現象，對於確定的婚制之保障，與所謂婚外的兩性結合之取締，固甚有力，但其所表現之範圍，不無狹小。蓋社會現象上之婚制，不必皆可歸納而爲具體之條文，則惟有讓其習慣之自然存在；反之，雖在社會現象上不失爲一種婚制，而法律或竟否認之，亦恆有也。故僅依法律現象觀察一社會中之婚姻範圍，殊不易窺其全豹，以其爲義較狹耳。法律學家所謂『婚姻乃具備法定要件之一男一女，以終生的共同生活爲目的之結合關係』云云是也。（註二）然則於兩性關係中，欲確定其孰爲婚姻，孰非婚姻，以及嫁娶之限度若何，擇偶的對象若何，須兼從社會及法律兩現象方面定其範圍也可知。依此標準，就中國之史實，將有關婚姻範圍各端，擇要羅列於首，藉明中國數千年來婚制之中心觀念，實亦中國婚姻之史的敍述所必然者。

一　就語義的範圍上爲婚制之觀察

中國開國之歷史既甚悠遠，而又逐漸併合各族以成漢族，疆土亦隨而推展之；則關於婚制之繁，婚俗之雜，當可想見。第自周之興，一皆折衷於禮，自秦之後，漸又輔之以律；禮也者防之於未然，律也者禁之於已然，蓋樹其中心觀點於此，使婚姻之範圍歸於確定焉。此從婚姻之語源及婚姻之目的方面，即可知其梗概。

（甲）婚姻之語源　婚姻稱謂與禮相輔，其主旨在確定聘娶婚之正當，其起源當後於有嫁娶之事實。

何以言其主旨在確定聘娶婚之正當？社會進展由母系而父系，既各有其婚俗，即在父系社會中，嫁娶方法亦係依次演變，非出一途；中國自難外例。此種種婚俗雖於周與以後之聘娶婚中，不無留有遺迹，而婚姻之稱爲婚姻者，則實以聘娶婚之表示爲主也。蓋婚姻本作「昏姻」，或「昏因」（註三）爲義有三：其一，以婚姻指嫁娶之儀式而言。漢鄭玄曰：

「婚姻之道，謂嫁娶之禮。」（詩鄭風丰箋）

唐孔穎達疏謂「男以昏時迎女，女因男而來，……論其男女之身，謂之嫁娶，指其好合之際，謂之婚姻，其事是一，故云婚姻之道，謂嫁娶之禮也。」據此，則壻於婚時迎妻，妻因之而入夫家，所謂「娶妻之禮以昏爲期，因名焉」是。（註四）歷代之重視形式婚，除去儀式則非婚姻，本諸此也。其一以婚姻指夫妻之稱謂而言。鄭玄曰；

「壻曰昏，妻曰姻。」（禮記經解注）

孔穎達疏謂「……爾雅據男女父母，此據男女之身，壻則昏時而迎，婦則因而隨之，故云壻曰昏，妻曰姻」是又婚姻用語之一解，乃基於婚禮一義而生也。其一，以婚姻指姻親之關係而言。故：

「壻之父為姻，婦之父為婚，……婦之父母，壻之父母相謂為婚姻，……婦之黨為婚兄弟，壻之黨為姻兄弟。」（爾雅釋親）

所謂「女氏稱昏，壻氏稱姻，」「婦黨稱婚，壻黨稱姻，」（註五）即此之謂；蓋表明夫妻一方與他方所生之親屬關係耳。不過後世漸破此例，凡非同姓之親因緣而及者，皆曰姻親，不以婦黨壻黨為別也。凡此諸義，皆與數千年來之聘娶婚，有其呼應。蓋男於昏時娶婦，婦因男而來，並隨而定夫妻與戚屬之關係，雖於一聘一娶之間，不無存有掠奪婚購買婚之痕迹，但既依禮而行，必娶而後得妻，稱以婚姻云云，實不啻承認由聘娶方法而成之兩性結合為正當也。

何以言其起源當後於有嫁娶之事實？婚姻用語既與禮相輔而興，有如前述。但禮起於祭，或肇於殷；以禮爲治，實始於周；且婚姻意義又以聘娶婚爲主要對象，而聘娶婚之興也亦較遲：故知婚姻稱謂，爲時當後也。然在聘娶婚之先，各種嫁娶之事實，爲例甚多，則嫁娶用語或更先於婚姻也。（註六）爾雅釋詁謂嫁，如也，適也，之也，徂也，逝也，往也；易蒙卦、咸卦屢言取女，藉示娶意：則嫁娶用語，在掠奪婚購買婚方面亦可用之，不限於聘娶婚始然，即一證也。我國往時學者似亦承認嫁娶事實先於婚姻稱謂，故史記補三皇紀、禮記、世本、及外傳與夫昏義疏引譙周語，皆稱太昊伏羲制嫁娶，以儷皮爲禮，不啻以嫁娶事實爲有婚姻制度之始源，而開婚姻禮儀之先河也。唐杜佑通典並詳曰：

「人皇氏始有夫婦之道；伏羲氏制嫁娶，以儷皮爲禮；五帝馭時，娶妻必告父母；夏時親迎于庭；殷時親迎于堂；周制，限男女之年，定婚姻之時，六禮之儀始備。」

其想像婚姻制度之始爲嫁娶，更甚昭然。然依吾人觀之，嫁娶用語或早於婚姻稱謂，亦必在母系社會婚制衰落以後，伏羲制嫁娶云云，自係託古之言而已！迨婚姻之稱謂確定，此嫁娶二字，則專指男女之身之結合而言，孔穎達所謂「嫁謂女適夫家，娶謂男往娶女，」與婚姻兩字互相表裏者也。於是嫁娶云云，又與「丈夫生而願爲之有室，女子生而願爲之有家，」（註七）發生意義上之關聯，而以聘娶婚之締結，爲其所稱嫁娶之對象矣。蓋夫以妻爲室，則必娶女於其家而後可，左桓六年所謂「受室以歸，」禮記曲禮所謂「三十曰壯有室」卽是聘而取之之義斯爲重，數千年來莫之改也。妻謂夫曰家，則指女子生有外成之象，以夫爲家，故說文云「嫁，女適人也，一曰家也，故婦人謂嫁曰歸。」（註八）詩周南桃夭章所謂「之子于歸，宜其室家，」易泰卦所謂「帝乙歸妹，以祉元吉，」卽本此義謂「嫁」曰「歸，」以「歸」示「嫁。」且女子生以父母爲家，嫁以夫爲家，揚子方言遂又稱「自家而出謂之嫁。」漢何休公羊隱二年注並謂「謂嫁曰歸，明有二歸之道；」二歸之道云者，「禮，婦人謂嫁曰歸，反曰來歸；」歸則明有外屬，來歸則因其爲夫家所遣，明從外至來而不反也。（註九）然二歸之道實以外屬爲主，見絕而出，以來歸爲辭，乃其變焉。據此，則因嫁而歸夫家，一反母系社會婚居之道；並將贅婚等等視爲例外，則亦與數千年來聘娶婚之結果相同，遂使此種婚制又賴其表示而確定矣。

（乙）婚姻之目的　支配婚姻之動機，依社會學家言，初以經濟居先，生殖次之，戀愛又次之；次以生殖居先，經濟次之，戀愛仍次之；最後始以戀愛居先，生殖次之，經濟再次之。（註一〇）中國自周以來，宗法社會既已成立，聘娶形式視爲當然，於是婚姻之目的，遂以廣家族繁子孫爲主，而經濟關係之求內助反居其次。至於兩性戀愛之需要，雖在事實上不無發現，然往時學者既以婚禮有無，衡度兩性之結合正確與否，則在所謂別男女之目的下，非僅輕視，抑或否認也。此外，由齊家而治國而平天下，與夫倫常之原造端乎夫婦，恆爲先哲所重，故又視婚姻爲社會組織之基礎，所謂定人道之一目的是也。

何以言廣家族耶？周創宗法，以合族屬，後世承其餘緒，重視家族組織。故婚姻雖不能離開男女之身而行，但論男女之身僅爲嫁娶之稱，而婚姻所示好合之事，實爲舊家族之擴大或延續，新家庭並不因是而成立也。觀於

「昏禮者，將合二姓之好。」（禮記昏義）

云云，蓋可知矣。既視婚姻爲兩姓之事，則嫁女之家受於六禮，布席於廟，以告祖先，用示爲一姓之祖宗嫁其後裔，非僅父母個人之嫁女，乃當然也。（註一二）娶婦之家，依禮記文王世子云：「五廟之孫，祖廟未毀，雖爲庶人，冠，取妻必告。」後世婚禮恆於祖先位前行之，兼師此意；而以治祭祀之玄冕親迎，

又所以示與祖先同婚禮也。(註一二)所以然者，爲族娶婦是重，爲個人娶妻是輕，自必如此耳。是故在婚禮中，成妻之禮僅有『共牢而食，合巹而酳』而已且其夕施席於正寢，正寢爲祭禰祭祖之重地，雖曰示交接之有漸，實仍含有共承宗廟之義在也。(註一三)成婦之禮，則於共承祖先之義外，而以舅姑爲其直接所尊。於是合巹之次日，謁見舅姑，稱曰盥饋；舅姑沒，則三月而廟見，稱曰奠菜：乃正式成爲家族之一員，故女未廟見而死，『不遷于祖，不祔于皇姑，壻不杖不菲不次，歸葬于女氏之黨，示未成婦也。』(註一四)夫旣以廣家族爲婚姻主要目的之一，則昔也以婚姻稱謂彙示姻親之關係，魏、晉、南北朝以門第高下爲婚姻之限制，唐、宋各律之禁止良賤爲婚，與夫近代之父母爲子娶妻，仍抱息、婦主義，祇求其對己恭順卽爲已足，無非本此目的而然也。

何以言繁子孫耶？由廣家族之目的再進一步卽爲繁子孫，禮記昏義之解釋婚禮，於『將合二姓之好』以下，卽接言『上以事宗廟而下以繼後世也』可知。蓋居於客觀地位之『男女構精，萬物化生，』一變而爲繼承本族血統繁衍一家子孫之見解矣。是故禮記哀公問以大昏爲萬世之嗣，孔子家語以無子列爲七出條件之一，孟子以不孝有三無後爲大，皆本傳宗立代之觀念而來。降至後世，漢、晉、北周每有無子聽妻入獄之例，(註一五)又斯意之引伸也。且因此種目的之存在，古者貴族方面遂藉口而一娶多女，藉廣胤嗣，媵妾之制卽由此起，白虎通嫁娶篇言之詳矣。降至後世，如北魏元孝友請對於無子而不納妾者科以不孝之罪；明張學敬請世宗博求淑女爲子嗣計(註一六)宋明民年四十以上無子者亦得置妾皆是。(註一七)至於淸世，納妾生子更爲一般人之口頭語焉。

何以言求內助耶？此本爲初期婚姻之主要目的，但以後婦女工作範圍限於家庭，而宗法社會又已形成，經濟關係遂居於廣家族繁子孫之次。其在貴族方面並由勞動的協助一變而爲精神的協助，如正位宮闈，以聽內治，共承祭祀，以奉宗廟，躬桑獻繭，以勸農事，自天子至於諸侯，自周代迄於明、淸，皆然。(註一八)觀於禮記祭統所謂『旣內自盡，又外求助，婚禮是也；』魏志郭皇后傳所謂『古者帝王之治天下，不惟外輔，亦有內助，治亂所由，盛衰從之；』卽可知矣。至於勞動的協助，如易家人『無攸遂，主中饋；』詩魏風葛屨『摻摻女手，可以縫裳；』豳風七月『女執懿筐，……爰求柔桑；』禮記昏義『婦順者，順於舅姑，和於家人，而后當於夫，以成絲麻布帛之事；』後漢書『專心紡績，不好戲笑，潔齊酒食，以奉賓客，是謂婦功；』魏書列女傳『婦人之事，存於織紝組紃酒漿醯醢而已，』

均此之謂。今日鄉野間，男子早婚而娶年長之妻，亦所以收其勞動力也。故雖在宗法社會之繼嗣一大目的下，此種求助之目的依然有相當地位：所謂

「娶妻非爲養也，而有時乎爲養；」（孟子萬章下）

「親操井臼，不擇妻而娶。」（列女傳賢明篇）

究亦未能完全排除經濟方面之目的也。

至於別男女定人道之兩目的，則係基於禮義倫常之觀念而引伸者。蓋往時學者曾主原始亂婚說，並視爲不正，呂氏春秋恃君覽所謂「其民聚生羣處，知母不知父，無親戚兄弟夫婦男女之別；」王充論衡書虛篇所謂「夫亂骨肉，犯親戚，無上下之序者，禽獸之性，則亂不知倫理」是也。故通鑑外紀曰：「上古男女無別，太昊始設嫁娶，以儷皮爲禮，正姓氏，通媒妁，以重人倫之本，而民始不瀆。」且認爲聘娶婚以外之一切兩性結合，概爲非道，遂又有婚禮防淫之見解，（註一九）如禮記坊記所謂「夫禮坊民之淫，章民之別，……故男女無媒不交，無幣不相見，恐男女之無別也；以此坊民，民猶有自獻其身」是也。故社會學家雖謂戀愛亦婚姻動機之一，然在禮之別男女一目的下，縱有其

事實，究非禮之所許，恆以『淫』以『私』稱焉。此關於『別男女』之目的者。天地爲萬物之本，夫婦爲人倫之始，由此始有父子之親，君臣之分，上下之義，而構成社會國家之集體，此又往時學者之通論。(註二〇)因而白虎通號篇曰『古之時未有三綱六紀，民但知其母，不知其父，臥之詓詓，行之吁吁，於是伏義仰觀象於天，俯察法於地，因夫婦，正五行，始定人道；』陸賈新語曰：『於是先聖仰觀天文，俯察地理，圖畫乾坤，以定人道，民始開悟，知有父子之親，夫婦之道，長幼之序。』夫婦既爲人倫之始，詩遂以關雎爲首，用之鄉人，用之邦國，所以風天下而正夫婦，亦卽家齊而後國治之意；(註二一)而大雅思齊『刑于寡妻，至于兄弟，以御于家邦，』中庸『君子之道，造端乎夫婦，及其至也，察乎天地』云云，更顯示夫婦爲倫常之本原，婚姻乃萬事之基點也。此關於定人道之目的者。

二 就禮法的範圍上爲婚制之觀察

中國最早之婚姻，或本自然之趨勢漸次成俗，則在客觀地位上，殊與後世之禮法無異；卽後世邊族之俗，鄉鄙之風，亦往往於禮法外，另有婚姻習慣，依純然社會現象觀之，亦未可一律否認其爲婚姻。然禮究係代表當代社會意識大量上之同，且或有現代民事法之作用；法則在昔用以輔禮，或濟之以政，或齊之以律：不特將所視爲正則之婚姻納入禮法範圍之內，並予以各種保障，故禮也，法也，與所謂確定的婚制之關係，甚爲密也。愚依禮法根據，從婚姻語源及目的方面，證明中國數千年來婚制之中心觀念既竟，再從禮法之本身方面而觀察之。

（甲）婚姻與禮制之關係　世界各國關於婚姻之立法主義，不出事實婚主義與形式婚主義兩途，而以後者爲占最大多數。其中操權於教會者爲宗教婚，操權於國家者爲法律婚。中國自有禮制之後，非當於禮者不視爲婚姻，即不能謂其採事實婚主義。但禮有五經，固重於祭，禮爲民紀，亦近於法，而究非所謂純粹之宗教婚或法律婚可比。（註二二）蓋中國向對婚姻，束之以禮者，實另成一形式婚主義耳。

先就婚禮之存在言：禮之爲數，或以五計，或以六計。就禮之全體而言，則有五禮之說，周禮春官大宗伯文所稱吉、凶、賓、軍、嘉是也；其中嘉禮之別有六，「以昏冠之禮親成男女，」即其一也。後世各史禮志及其他言禮典籍，多本此目，如五禮通考之類即然。就禮之要端而言，則有六禮之說，禮記昏義所謂『禮始於冠，本於昏，重於喪祭，尊於朝聘，和於射鄉，此禮之大體也；』王制『司徒修六禮以節民性，』疏所謂『六禮謂冠一、昏二、喪三、祭四、鄉五、相見六』是也。後世以冠昏喪祭順稱，當本於此。(註二三)在此基本之六禮中，依昏義所示，禮雖重於喪祭，始於冠，而究以婚爲本，蓋『敬愼重正而后親之，禮之大體而所以成男女之別，而立夫婦之義也；夫婦有義而后父子有親，父子有親而后君臣有正，故曰昏禮者，禮之本也。』是故往時學者言禮，每卽提及婚姻以示其用，經籍具在，不難考也。班固於漢書外戚傳有言曰：

『易基乾坤，詩首關雎，書美釐降，春秋譏不親迎，夫婦之際，人道之大倫也。禮之用，唯婚姻爲兢兢。夫樂調而四時合，陰陽之變，萬物之統也，可不愼歟?!』

則其對於婚禮存在地位之重視爲何如耶！此一問題與婚姻之目的尤爲相關，可互證焉。

次就婚禮之對象言：婚姻須合於禮，乃不爲其排斥，第合禮云云，自周以來實指經過聘娶之方式而言耳。其始也，婚禮下達，以男求女，易雖不否認男女互相感應一事，然如咸卦之『娶吉』則因柔上而剛下，男下於女，然後女乃應於男，故吉；反之，蒙卦之『勿用娶女』則因女見剛夫而先求之，乃童蒙之時，陰求於陽之道，故無攸利。（註二四）降至近世，兩家締婚，縱各默許，亦必男家發媒，蓋以男下女乃得其正也。然僅由男求之，再不經過聘娶程序，則仍目爲私誘，爲淫蕩；詩國風所詠男戀女之事甚多，而不能如關雎一章獨見稱者此耳。婚禮之用，視爲「坊民之淫，章民之別，使民無嫌，以爲民紀，」即所以納之於聘娶婚範圍內焉。故男女無媒不交，無幣不相見；而聲伯之母不聘，遂爲穆姜所輕，召南申女以夫家禮不備而欲迎之，「雖速我訟，亦不女從。」（註二五）降至後世，所謂仕宦詩禮之家，尤能秉承此旨以行。苟遇危難之際，不少女子竟以身殉之者；雖曰女貞是重，逼而出此，而不備婚禮之結合，無媒妁，無儀注，爲世指責，亦一原因。此一問題與婚姻之語源尤爲相關，可互證焉。

再就婚禮之內容言：禮以「義」起而以「儀」明，但不必有其義即有其儀，合於儀即合於義；古時「禮」與「儀」甚有分別，其所謂「禮」者，就婚姻論之，實即婚之「義」耳。（註二六）婚義乃婚禮之抽象的表現，爲意較泛，如周之同姓不婚，南北朝之重視門第，宋以後之鄙視再嫁，皆是。顧在古昔，律條未備，一皆歸之於禮，後世禮律兼行，或就其違反之行爲，有認爲必須制裁者，則示之於法，故頗與現代民事法上所謂婚姻之實質要件相當。婚儀乃婚禮之形式的表現，狹義之婚禮即指此也。顧禮之興於周也，原在定『分，』則婚儀遂因階級不同而有其等，惟儀禮所存者僅士昏禮一種，他則散見各經，莫知其詳矣。自漢以後，帝室婚儀與士庶人婚儀仍屬異致，正史禮志所載概限於前一種婚儀，惟宋史、明史所載兼及後一種焉。雖其細節不特因時而異，抑且因地而別，但若依大體而論，究莫離乎昏義所謂納采、問名、納吉、納徵、請期、親迎與夫盥饋或奠菜之範圍也。唐、明等律，視婚書爲婚姻締結之要件，仍不過保障禮制上之形式要件——六禮——之一而已；故頗與現代民事法所謂婚約及婚姻之形式要件相當。

（乙）婚姻與法制之關係　以婚禮親成男女，婚姻遂有所本，然禮之各種內容節目，固因時而變，且有時不免失之繁瑣，需時孔多，或非貧家所願遵，或爲時勢所未許，而曠夫怨女現象之救濟，又或禮之所窮，莫能爲計。於是在學說與設治上，遂認爲應有因時制宜之婚政矣。同時，禮防於未然，惟賴社會之信力以收其效，故當禮教初成時代，越禮之事所在多有，觀於儒家所謂春秋淫亂之事實，與夫國風所述男女熱戀之事實（註二七）即知其概。降至後世，禮教之基礎雖歸確定，越禮之事較初或減，而仍莫能純依禮制劃一婚制。故在周世，對於出乎禮者，往往入乎於刑；秦漢以後，並賴律以達「明刑弼教」之目的，爲反禮者之制裁，此又婚律之所以漸與，日趨於詳也。

先就關於婚姻之政言：婚姻之統制與行政，爲現代國家新政策之一，然在中國向以婚姻爲社會成立之基點，夫婦爲人類倫常之始源，則對婚政之注意，用以輔禮並濟其窮，固甚早也。周禮所述雖不必爲周公佐周之設制，管子所述雖不必爲管仲治齊之政策，而亦必爲戰國或漢初之學者，認爲社會有此需要，而應爲施設也。且或與當日實際之施設不無多少之關係也。依周禮之記載，地官大司徒掌建邦之土地之圖與其人民之數，既掌人民之數，自須免除男曠女怨之現象。故在其所施十有二教中，第三教即爲「以陰禮教親，則民不怨；」陰禮謂男女之禮，教其婚姻以時，則無曠怨而相親矣。在其以荒政十有二聚萬民中，第三政即爲「多昏」，凶荒爲昏不必備禮，使有女之家得減口數，有男之家易得其妻，於是昏娶者多矣。此外，春官大宗伯掌邦禮，「以昏冠之禮親成男女，」乃禮儀之主持者；地官遂人掌邦之野，「以樂昏擾甿，」乃婚姻之勸導者；皆與婚政有關。然其詳盡尤莫如地官中「媒氏」一職，蓋爲婚政之主管官司也。所謂：

「媒氏，掌萬民之判，凡男女自成名以上，皆書年月日名焉，令男三十而娶，女二十而嫁，凡娶判妻入子者皆書之。中春之月，令會男女，於是時也，奔者不禁，若無故而不用令者罰之。司男女之無夫家者而會之。凡嫁子娶妻，入幣純帛無過五兩。禁遷葬者與嫁殤者。凡男女之陰訟，聽之于勝國之社，其附于刑者歸之于士。」

此不特登名書事於官司，使婚姻當事人取得公證之效力，與現代之婚姻登記及官吏證婚相類，且進一步爲婚姻之統制，使已及婚年尙無匹配之男女，與已有匹配而鰥寡者，會於仲春，一反奔者爲妾之例；苟無喪禍之變而不用令者，並須罰之。至於納幣之數，冥婚之禁，行政處分之先於司法裁判，又其餘也。此外，並依管子入國篇之記載，「凡國都皆有掌媒，丈夫無妻曰鰥，婦人無夫曰寡，取鰥寡而和合之，予田宅而家室之，三年然後事之，此謂之合獨；」而牧民者更負有「使士無邪行，女無淫行」之職責焉。凡此不特行救濟婚配之策，且設管理婚事之職矣。後世雖無專設婚姻行政之官，如媒氏掌媒之類，但婚俗之糾正，帝王或有詔令，婚儀之制定，禮官各有執掌也。有若漢代各帝屢次詔禁嫁娶之僭侈過制；（註二八）南朝梁武帝大同五年以七事禱雨，其第六事即爲會男女，恤怨曠；北朝魏孝文帝詔男女失時者以禮會之；周武帝詔男年十五，女年十三以上，爰及鰥寡，所在軍民，以時嫁娶，務從節儉，勿爲財幣稽留：皆其著者。（註二九）降而至唐，若貞觀元年二月詔，男女達及婚年齡；妻喪達制之後，孀居服紀已除而非自願守志或有男女者，除鰥寡年老者外，有司皆須申以婚媾，令其好合，免生曠怨之情，或致淫奔之辱；而以准戶口之增減，定有司之考成云云。六年六月又詔禁賣婚，以挽魏、齊之敝風云云，又其續也。（註三〇）自唐以後，關於婚政詔令，時多有之，惟合獨之因再醮問題嚴重，由宋迄清，皆認爲非應提倡者，遂與隋、唐以前又有其異。

次就關於婚姻之律言：刑之起源雖早，律之成文實遲，春秋時，鄭有刑書，晉鑄刑鼎，戰國時，魏李悝撰次諸國法，著法經，商君受之以相秦，乃有成文法律可言；（註三一）其中尙無關於婚事之直接規定，惟姦淫事例入於法經之雜律（註三二）後世因之，不啻開現代刑法關於妨害風化罪及妨害婚姻罪規定之先河。漢蕭何本法經六篇而加興、廄兩章外，並有戶律一章，爲後世附婚事於戶律之本，是曰九章律。其外副律雜律爲名甚多，婚律究何所居不盡可考；而司徒鮑公撰嫁娶辭訟決爲法比都目，凡九百六卷，世有增損，集類爲篇，結事爲章，僅當於婚姻制例彙編而已！就佚文可考之處，刑最重者，如繼子以母爲妻，與姊妹姦，禽獸行，私爲人妻，三男共娶一女等事，皆與婚制有直間接之關係也。

（註三三）魏律十八，晉律二十，皆存戶律，而依晉書刑法志載，「崇嫁娶之要，一以下聘爲正，不理私約；峻禮教之防，準五服以制罪，」則又其著者。南朝對於晉律或沿用，或增損，而戶律仍存也。北朝，北魏律遠承漢律，當亦存有戶律，並依魏書刑罰志云，「男女不以禮交皆死，」則刑禁之最重者，或莫過此也。北齊律以婚事附於戶，曰婚戶，乃其首創，並以重罪列爲十條，不在所謂八議論贖之列；其中如居父母喪，自身嫁娶，聞夫喪匿不舉哀及釋服從吉而改嫁，與夫禽獸其行，朋淫其家之內亂，皆係與婚事有關者。隋、唐以後各律之所謂十惡，即本於此。（註三四）北周律分婚戶爲婚姻、戶禁兩篇，隋開皇律又合而爲戶婚，大業律復分爲戶律及婚律。唐律仍稱戶婚，除關於定婚、重婚、和娶、離異、居喪嫁娶、以妻爲妾等事外，並有五種限制，即同姓不婚、近親不婚、良賤不婚、逃女不婚、官民不婚是。但在末葉，詔敕變律，集而成『格』，大中刑律統類即係依門別類，而將格敕編入者。五代一仍唐舊，編敕之風盛行，婚律自亦附入其中。宋初，定有刑統，範圍莫離唐律，並於戶令中重申良賤不婚及在任官不得與部下百姓交婚等事；但至神宗時，「敕」遂正式取律而代之矣。遼之條制，金之制書，元之新格，皆係律而不以律名，關於婚事者自隨其變而附入之。且依元史刑法志所載，仍有戶婚一門，關於定婚、結婚、婚姻之成立及解除，與夫縱妻妾爲倡諸規定在焉。明興，復以律稱，列有吏、戶、禮、兵、刑、工六律之名，於戶律之下，分設戶役、田宅、婚姻等七篇；而以歷代列入雜律中之犯姦，歸入刑律。婚姻篇所規定者爲男女婚姻、典雇妻妾等十八條。(註三五)惟明之變律精神者，又有並行之『例』耳。淸因明舊，婚姻篇僅刪去蒙古色目人婚姻一條，並附其例於律之後，故有大淸律例之稱；此外在刑部現行則例中，亦有關於婚姻之目；理藩院則例中，並有關於蒙、藏人婚姻之規定，婚事亦非皆統於婚律也。淸末變法以迄今日，民刑兩法各爲發展，於是民事法上之婚姻與刑事法上之妨害婚姻罪，始兩不相混矣。

三　就擇偶的範圍上爲婚制之觀察

從對方之選擇方面，得將婚姻制度分爲內婚制與外婚制兩種，內外云者，乃假定有一界限，在此界限以內擇偶者曰內婚，在此界限以外擇偶者曰外婚，故此界限實決定內婚外婚之標準，或以圖騰，或以部落，或以階級，或以種族，或以國別當之是也。就大體而論，母系社會以族內婚制爲主，父系社會以族外婚制爲主，然如依階級國別或其他標準爲言，則母系社會中亦或存有一種外婚，父系社會中亦恆發現禁止內婚之制度也。就中國史實而言，在內婚制外婚制問題上，實以族系階級爲標準爲著；且能概括一切；此亦與婚姻之範圍一事有關，故併及焉。

（甲）以族系爲標準之婚制　中國往時學者傾向於宗法制度，首以父系社會爲最合理，遂假定自三皇五帝以來，即已如此，將母系社會存在之事實，掩之務欲其盡，並將與母系社會俱起之族內婚制，一律與原始之亂婚，視爲同途。原始人類是否經過亂婚時代，在社會學家之見解固不一致，（註三六）而中國學者似承認有此經過，如禮記曲禮所謂「夫唯禽獸無禮，故父子聚麀，是故聖人作爲禮以教人，使人以有禮，知自別於禽獸；」即認定禮之始源，在制止亂婚也。然更進一步，不問男女結合有無一定規則，凡同族內之婚姻，皆認爲反禮教之行爲，觀於十惡中『內亂』之稱，即知其然，是亂婚之範圍因甚廣也。周採族外婚制，即係以附遠厚別之道自許，以遠於禽獸之道見稱。（註三七）所謂：

「繫之以姓而弗別，綴之以食而弗殊，雖百世而婚姻不通者，周道然也。」（禮記大傳）

但是此種原則，不特周世著之於禮，抑且後世爲之於律，數千年來視之爲當然也。顧此之族系云者，僅係以姓氏爲別，若夫尙未同化於漢族之異族，在後世是否與其通婚，則又因時代而異，或則視爲非所應當，或則視爲有其必要，不能一概而論也。

關於母系社會之族內婚制者：往時學者雖不直接承認母系社會之存在，然如管子君臣篇、商君書開塞篇及呂氏春秋恃君覽等，皆有太古之民，獸居羣處，未有夫婦匹配之合，當此之時也，民知其母而不知其父……一類之言，不啻間接承認曾有母系社會，且爲血族內婚也。其次又有詩商頌所謂「天命玄鳥，降而生商」等等之感生說，（註三八）謂古聖人，皆無父，感天生云云，實即族內婚制之所致。蓋所感之龍鳥巨人跡大星虹等，不見其皆有何神靈之示，故此種傳說，設非讖緯家所臆造，而有一爲眞者，其象當爲同族圖騰之名，所謂感於某象而生育者，初或不外暗示同族內之婚姻而已！是以無父而生之說，除後世欲尊始祖，而又諱言其「亂」，遂以感神靈而生爲言，作爲神話之利用外，與不知父而生之說殊無何別，均足反證母系社會族內婚之存在也。然則史稱唐堯之女下嫁虞室，又稱堯舜皆爲黃帝一系之後，果皆盡合事實，自可並存而不悖，此正族內婚制之表現也。往時學者礙於後世同姓不婚之例，必多方競論，以務窮其究竟，（註三九）過矣！因族內婚制之重視，於是與漢族發生關係最早之苗族，彼此除仇視之外，即無由混合；且於屢次禽其酋，竄其裔，征其衆以後，兩族隔絕更遠，遂使此一最古之族迄今猶留其子遺，是又古代爲族內婚制之一證也。降而至殷，仍以母系社會之族內婚制爲主，已有信史可以爲據。先以稱后爲證，周以前稱君曰后，前人已言之矣。（註四〇）卜辭中之毓字即后字，用稱先王；而毓也者當係「以母之最高屬德爲生育」之尊稱也。（註四一）則其爲母系社會也無疑。推而周之先世后稷，或爲農業社會女酋長之稱，亦未可知。此關於殷之爲母系社會也。又以用名爲證。殷人女子並不用姓，自無所謂同姓不婚異姓主名之說，觀於卜辭，女子之名與男子同用干支，如妣甲妣乙、母甲母乙之類，是姓之不設，即不重視族外婚制之反證也。不過依禮記大傳所云，殷人五世之後即可通婚，則亦與最古之血族婚有別，蓋時代愈後，族人繁衍，由近族之婚姻，漸變而爲遠族之婚姻，乃自然之道也。夫既通婚於五世之後，其在實質上乃一族內婚制中之外婚制，今人謂殷無父子相承之習慣，即因子均須出嫁，而以弟能繼兄爲原則者，因兄弟連翩出嫁所致云云，則同族內五世以外之男子實可嫁入母系之家庭內也。雖然，此不過就其大體而言耳。觀於甲骨文妻妾等字之卑屈的表示，殷或兼行由外族劫掠女子而歸任戰爭責任者

——男子——獨占之事；（註四二）且至末世，或已進入父系社會：「帝乙歸妹，」見於易經，「殷辛伐有蘇，有蘇人以妲己女焉」見於晉語，可參照焉。

關於父系社會之族外婚制者：殷周各自爲部落之發展，以外尙有其他部落，故父系社會之族外婚制，究起何時，實難劃一言之。惟可論者，周在部族時代，由母系社會進入父系社會，採取族外婚制，必較殷人爲早，故殷世僅妲己稱姓，周則大姜、大任、大姒、邑姜皆以姓著，可知也。不過初或經過外來女子當權之時代，始由母系社會蛻化而入於父系社會，史載大姜、大任皆賢婦人，而太姒或曰邑姜，又歸於亂臣十人之列，與周公、召公、太公等同稱；顧炎武雖以牝雞司晨爲疑，認爲文字傳寫之誤，實則在此過渡期中，正以牝雞之晨爲特點也。（註四三）然而十亂臣中，婦人僅居其一，足以見女權之日衰矣。殆周滅殷之後，確定父系社會基礎，以宗法維持同族之關係，以婚姻增加異姓之連絡，同姓不婚，周道然也云云，當然係排斥族內婚制，而以族外婚制是尙。雖於國疆之範圍方面，認爲普天之下莫非王土，天子綿婚於諸侯，爲內娶；諸侯不漁色於國中，須綿婚於國外，而以內娶爲戒；大夫無束脩之餽，無諸侯之交，越國境而言婚，亦失於禮；而其內娶外娶之對象，依然受同姓不婚一大原則之限制也。（註四四）蓋所謂姓也者，在未被用爲別婚姻之工具以前，當係一部族之代表名稱，或與母系社會之圖騰符號有其關係。說文云，「姓，人所生也，因生以爲姓，從女生；」通志氏族略云，「女生爲姓，故姓之字多從女；」是姓之代表母系可知也。殷以族內婚制爲主，故不重姓，周採族外婚制或先於殷，圖騰符號之流而爲姓，當肇於此。滅殷以後，並將各部落征之撫之，歸於封建制度之下，於是各部落舊有之圖騰符號，遂一律稱之以姓，而示異族系間婚姻之可通；左隱八年所謂「天子建德，因生以賜姓，胙之土而命之氏，」實限於周初有此事也。潛夫論謂堯賜契姓姬，賜禹姓姒云云，乃倣周事而設說耳。但自春秋以後，表血統而示女系之姓，與表功勳而示男系之氏，漸相混亂，不可爲別；而五胡亂華，通婚中國，唐重義子，襲義父姓，於是姓更雜亂，與最初以姓辨別婚姻之意全悖。惟各律中，仍於形式上遵守同姓不婚之原則耳。至於近親而爲婚姻者，則加重其罪，尚不失爲保障族外婚制之道也。

　　關於部族以外之族際婚制者：此之所謂「族際」之族，係指周以後之各異族而言。歷代雖不以此種外婚，概視之爲當然，顧事實上或特殊情形中，則亦莫能阻其通婚之趨勢，中華民族之範圍日益擴大者，斯實一要因也。周時，納夷狄之女爲妻事固多有，但嫁女於夷狄爲婚，例究少焉。然「周納狄后，富辰謂之禍階，晉升戎女，卜人以爲不吉，」(註四五)則與被稱爲夷狄之異族通婚，似不以之爲正則也。漢時，匈奴兵強，數苦北邊，高祖依婁敬之策，取家人子——或云宗室女——爲公主，妻單于，首開「和親」之局；惠、文、景三帝皆有遣公主嫁匈奴單于之事，蓋以和親之羈縻手段，爲制夷之策耳。武帝政策變更，使張騫通西域以斷匈奴右臂，復遣江都王建女細君爲公主和親烏孫，以絕匈奴舊援。宣帝繼用其策，仍有遣公主之事。後因蕭望之之見，與烏孫不復結婚，而匈奴五單于爭立，其勢亦弱。惟呼韓邪單于屢入朝，自言願壻漢氏以自親，於是元帝又以後宮良家子王嬙字昭君爲其閼氏。(註四六)殆至東漢，匈奴內饑，分爲南北兩單于，各遣使向漢求和親，藉以自固，其順逆之勢又與漢初不同。此種通婚，純係基於政治上之原由，習俗上仍不視爲當然也。故漢末蔡文姬被擄於胡，凡十二年，已爲南匈奴左賢王之后，且生二子，而曹操必以金璧贖歸，重嫁董祀，致有「感傷亂離，追懷悲憤」之作；晉初石崇有愛婢翔風，得之胡中，美豔無比，而妒者以「胡女不可爲羣」詆之，遂退爲房老，而作怨詩以抒其懷；(註四七)即其例也。五胡亂華，晉鼎南徙，胡族趨向漢化，改服易名立姓，並或以漢族之後自居，漢胡爲族際之通婚自不待言。惟門閥之見由來本早，至是衣冠舊姓，則恥與胡相亂，益嚴其階級內婚制，此又族際婚之與其相關者。觀於北魏拓跋氏統一北方，値晉亡未久，其中二十五后，漢人則居十一，但無一爲望族之女可知。(註四八)顧拓跋氏既以漢女爲后，又使南單于苗裔夏主昌尙始平公主，復與蠕蠕和親，而孝文帝且提倡與漢人一般通婚，自係爲族際婚之容納也。降而北齊之娶蠕蠕公主，欲以絕西魏之援，北周之迎突厥可汗之女，欲以阻北齊之助，則又純爲政治之關係矣。隋唐兩世皆不反對族際婚，不特隋文帝之獨孤皇后，唐太宗之長孫皇后，均鮮卑人；且與異國異族和親之事，仍盛行之。隋以光化公主妻吐谷渾主伏，伏死又許其弟伏允收繼；以華容公主妻高昌主伯雅，以安義公主妻突厥突利可汗，安義卒，又以義成公主妻之。唐，除賜高昌主妻華容公主姓李，改封常樂公主外，其對吐谷渾，則因請婚，太宗時嫁以弘化公主，高宗時又嫁金城縣主與其世子。其對奚，則因內附，賜姓李氏，玄宗開元間，降固安公主於其主大酺，後又降東光公主於魯蘇。其對契丹，則因助兵，亦賜李姓，開元間，降永樂公主於失活，又降燕郡公主於李鬱于，鬱于死，復降東華公主於邵田；天寶間，契丹大酋李懷秀降，復以靜樂公主妻之。其對吐蕃，則因吐蕃以突厥吐谷渾尙主爲築，而強求婚，太宗妻以文成公主，吐蕃爲築城而誇耀之，俗亦大變；中宗又以金城公主下嫁，自築城以居。其對突厥，初因默啜進女唐室，而武后令武延秀納之爲妃，遂反武氏；玄宗立，復因請唐女，乃以金山公主下嫁，然以後突厥之勢日衰，雖屢請婚，以振國聲，唐卒未許。其對回紇，以回紇助肅宗討逆有功，並欲固其心，適値請婚，肅宗遂以幼女寧國公主下嫁，且以榮王女爲媵，即少寧國公主是；德宗又續以親女咸安公主下降；穆宗時，因其請婚，復以憲宗女太和公主下降。(註四九)按漢代及唐對吐蕃以外之和親，下降之公主大都爲宗室皇戚或宮中之女，以帝女親降者，僅對回紇爲特例也。惟關於和親事例，宋人則斥其非，認爲漢開其端，實君臣莫大恥辱，宋宋祁撰新唐書突厥傳有此言也。故至宋世，與回鶻雖稱甥舅國，但沿唐與五代舊稱，未嘗一有和親之事；金主固曾以趙氏女爲后爲妃，此則係由汴京陷落，被擄而來，與韋妃之爲蓋天大王妻之例相類，不能與漢唐同視也。(註五〇)宋不特斷絕和親，且嘗禁止族際婚，太宗至道元年八月禁西北緣邊諸州民與內屬戎人婚娶是也。遼、金、元則與宋異，提倡族際婚甚力，而和親之事亦偶見之。遼既以成安公主外嫁夏國主乾順，又許阻卜酋鐵刺里及大食國之請婚；(註五一)此和親也。而太宗會同三年十二月詔契丹人授漢官者從漢儀，聽與漢人婚姻，惟道宗大安十年六月則禁邊民與蕃部爲婚耳。金、對漢族亦通婚姻，蓋章宗明昌二年，尙書省言『齊民與屯田戶往往不睦，若令遞相婚姻，實國家長久安寧之計，』從其請也。元、初以掠婚爲俗，外族女子來者多矣。而如太祖公主皇后爲金宗室女，乃金宣宗欲解燕京之圍而進，察合皇后爲西夏李安全之女，乃安全欲解中興府之圍而進，則係被和親而得者。其與高麗通婚，更爲通常，世祖既以其女適高麗王王昛，而高麗又歲進媵妾入宮，惟世祖誓言，子孫不得與高麗女子共事宗廟，故惠宗完者忽都皇后之立，監察御史李泌卽以此爲諫。除自幸外，有時或並賜臣子，文帝至順二年，以不顏帖兒賜燕鐵木兒，高麗王並備奩田是也。此外，並規定諸色人同類自相婚姻者，各從本族法，遞相婚姻者，以男爲主，蒙古人不在此例：是又承認族際婚之證也。明興，亦與高麗通婚，太祖女含山公主母卽高麗妃韓氏，成祖時，朝鮮貢女充掖庭，恭獻賢妃權氏與焉。明律禁止蒙古色目人本類自相嫁娶，蓋恐其種類日滋，故又強其爲族際婚也；但孝宗十二年則以防滿洲之故，遂嚴禁分守等官幷勢家與海西建州部人聯親焉。淸入關後，於律既删除蒙古色目人婚姻之條，且以滿漢不相通婚爲定制，至光緒時，因爲局勢所迫，始下通婚之詔云。

（乙）以階級為標準之婚制　凡遇階級存在之場合，彼此不通婚姻，實為其主要鴻溝之一，故從階級之標準言，率以內婚制之採取為常也。此種階級間之隔婚，或為良賤之關係，而以經濟與政治之原因為主；或為士庶之關係，而以家望與世系之原因為主；惟後一關係，僅著稱於魏、晉、南北朝及隋、唐之間而已。

關於良賤階級之內婚制者：周時，國人野人既各有別，君子小人尤非平等，士固不能與天子諸侯卿大夫為匹，庶民亦莫可與百姓相敵，而所謂庶民者或即農奴之類；（註五二）其婚姻之締結不無問題。大戴禮本命篇言女有五不取，世有刑人不取，為其一端；而周初設制，禮不下庶人，刑不上大夫，則世有刑人者必非大夫以上之家，於是庶人惟在本階級內為『匹夫匹婦』之結合矣。秦、漢，貧富之辨尚不甚嚴，故陳平少貧，邑有富人張負奇平而與以女，鮑宣清苦，桓氏富驕，乃卒娶少君以歸。但良賤之別仍自分明，方言所謂『燕之北郊，民而壻婢謂之臧，女而歸奴謂之獲』是也。文選注並引韋昭云『善人以婢為妻，生子曰獲；奴以善人為妻，生子曰臧，』則漢、魏之間，並視與奴隸通婚，其子亦為奴隸焉。南北朝時，劉宋孝武帝既禁斷養奴與士族雜婚，北魏孝文帝亦詔其不得與士庶為婚。

自唐以後，禁止良賤通婚，法令更備，而賤民階級之造成與時俱增，除唐之番戶、雜戶及蛋戶外，有叛宋投金而爲明太祖所斥之惰民丐戶，有不附『靖難』而爲明成祖所編之山、陝樂戶，以及徽、寧之伴當世僕，浙江之九姓漁戶，男女皆自爲偶，積貧不得爲官。清、雍正乾隆間雖相繼除籍，得列平民，然民間仍存故習，鮮與通婚者。直至民國成立，其情形始有變更。

關於士庶階級之內婚制者：周時，姬姜兩姓世世爲婚，此乃交換婚之遺迹，尙非全然爲望族自相婚姻之例；漢皇后多出微族，亦未盡嚴門閥之界也。魏立九品，置中正，尊世胄，卑寒士，降而至晉與南北朝，門閥之見更深，士庶之階級告成，不僅門有多種，抑且姓有各色。南以郡望分姓爲四等，在僑姓吳姓中各有其大族；北以郡姓爲貴，亦各有其大族；皆以衣冠之族自居，不與卑族微姓通婚。苟不幸而有通婚之事，則視爲士族之玷，但在卑門方面實爲榮事，往往不惜多納聘金，攀婚高門，以致世有賣女買婦之譏。是故晉楊佺期爲漢太尉震之後，有以其門比王珣者，猶恚恨，而時人以其過江晚，婚宦失類，每排抑之；司馬休之數宋武曰：『裕以庶孽與德文締婚，致玆非偶，實由威逼；』南齊永明中，王源嫁女富陽滿氏，受聘錢五萬，沈約以『滿氏姓族，士庶莫辨，……王、滿連姻，實駭物議，』見諸彈章。（註五三）梁武帝時，侯景請婚於王謝，帝曰，王謝門高，可於朱張以下求之；而王謝之在南朝，女爲皇后，男尙公主，其事殆數十見，蓋以帝王之尊，望族乃免强可與聯姻耳。其在北朝，帝室每爲異族，故望族與其聯姻之例甚罕，其對於卑門更然。是故趙邕寵貴一時，欲與范陽盧氏爲婚，女之母終不肯；崔巨倫姊明惠眇一目，內外親類莫有求者，其姑不欲使其屈使卑族，乃爲子納之，時人嘆其義焉。（註五四）反之，魏尙書僕射范陽盧道虔女爲郭瓊子婦，瓊以死罪沒官，齊高祖以賜陳元康，元康乃棄故婦李氏，得幸高門之罪女，亦以爲榮，至於孫搴寒微，齊高祖賜以士人女韋氏爲妻，宜乎時人更爲榮之。（註五五）唐之興也，以南北朝之望族，仍自尊門閥，不與卑姓爲婚，太宗命修氏族志，例降一等；又詔七姓十家不得自爲婚姻，王妃主壻皆取當世勳貴名臣家，未嘗尙山東舊族。然魏徵、房玄齡、李勣等皆樂與之婚，故舊望不減。高宗時，李義府爲子求婚不獲，恨之，乃奏禁焉。其後轉益自貴，七姓雖不敢公然婚媾，而潛相聘娶，莫能制止，甚或女老不嫁，亦不願與他姓締婚：於是衰宗落譜者，遂因之每以「禁婚家」自稱云。直至唐文宗時，欲以公主下嫁士族，猶爲所拒，嘆曰『我家二百年天下，反不若崔盧耶？』是其風仍未絕也。（註五六）然唐既以勳臣外戚爲貴，公卿又往往於進士中擇壻，而中葉以後，大亂時見望族譜牒每歸散佚，莫由自示其世；故至五代而後，「取士不論家世，婚姻不問閥閱」自爲必然之勢。士庶之階級既由是而告終，此種內婚制亦隨之而廢矣。

（註一）見岑步文譯味斯忒馬克（E. Westermarck）婚姻第一頁。

（註二）參照黃右昌羅馬法與現代第一六三頁，胡長清中國婚姻法論第二頁及實用法律叢書陶彙曾民法親屬第三四頁。

（註三）昏字亦有作昬字者，於是又有「婚」、「㛰」之別，此涉及版本問題；或稱昏爲昏旦之昏，昬爲昬因之昬，昬嫁宜作昬，婚姻宜作婚，失之細矣。

（註四）見禮記昏義疏引鄭昏禮目錄云。

（註五）見昏義鄭注及鄭風孔疏。

（註六）參照東川德治中國法制史研究中國法與婚姻之預約一篇中有「婚姻之稱，似始于周代，周代以前稱嫁娶，不稱婚姻」云云。廖維勳有譯文，登中華法學雜誌各期。

（註七）見孟子滕文公章句下。

（註八）公羊隱二年亦有「婦人謂嫁曰歸」之語。

（註九）參照穀梁隱二年成五年傳文並晉范甯注，左莊二十七年傳文並孔穎達疏，及公羊莊二十七年傳文。

（註一〇）參照葉啓芳譯穆拉來爾（F. Müller-Lyer）婚姻進化史第二章婚姻動機之變化及婚姻第二章野蠻人婚姻

之需要。

(註一一)參照禮記曲禮注疏，並郊特牲「齊戒以告鬼神」云云。

(註一二)玄冕而親迎之，見禮記哀公問及郊特牲。

(註一三)參照儀禮士昏禮「御衽于奧媵衽良席在東，皆有枕北止」注疏。

(註一四)見禮記曾子問。

(註一五)參照程樹德九朝律考第一四二頁。

(註一六)詳魏書臨淮王傳及明史后妃傳。

(註一七)見鄭氏家範及明律名例附例。

(註一八)參照陳顧遠中國古代婚姻史第七—九頁及第一四頁。

(註一九)參照禮記經解「昏姻之禮所以明男女之別也……故昏姻之禮廢，則夫婦之道苦，而淫辟之道多矣」云云。

(註二〇)參照禮記郊特牲「男女有別然後父子親」一節，易序卦及咸卦程傳。

(註二一)參照詩序及清崔東壁讀風偶識周南十有一篇。

(註二二)參照胡著中國婚姻法論第二九—三二頁，陶著民法親屬第四二—四三頁，胡長清譯栗生武夫婚姻法之近代化第五—八頁。

(註二三)王制孔疏並稱「此六禮七教並是殷禮，周則五禮十二教也」，其說不可靠；蓋五禮六禮之異，乃計算標準不同耳。

（註二四）參照家卦魏王弼注及咸卦唐孔穎達疏。

（註二五）見左成十一年及列女傳卷四貞順傳。

（註二六）參照陳顧遠中國國際法溯源第一二頁。

（註二七）參照陳東原中國婦女生活史第二五—二九頁。

（註二八）參照鄧之誠中華二千年史第二九八頁。

（註二九）參照中國婦女生活史第六五頁。

（註三〇）兩詔原文見王溥唐會要卷八十三嫁娶。

（註三一）參照陳顧遠中國法制史第九九頁。

（註三二）見晉書刑法志。

（註三三）參照楊鴻烈中國法律發達史第一二八—一二九頁。

（註三四）參照唐律疏義第一卷名例。

（註三五）詳鄭競毅法律大辭書上册第一二二七頁婚姻篇條。

（註三六）上古亂婚之說，莫爾干（Morgan）、恩格斯（Engles）等主張之；味斯忒馬克、愛爾烏德(Ellwood)等否認之。

（註三七）禮記郊特牲云，『娶於異姓，所以附遠厚別也。』御覽引禮外傳『夏殷五世之後，則通婚姻；周公制禮，百世不通，所以別禽獸也。』

（註三八）參照易君左中國政治史要感生帝說一節。

（註三九）參照章嶔中華通史第一册第二〇〇頁。

（註四〇）見白虎通及顧炎武日知錄第二十四后條。

（註四一）參照郭沫若中國古代社會研究第二七〇—二七一頁。

（註四二）參照陶希聖中國政治思想史第一册第一二頁。

（註四三）見論語泰伯章及日知錄卷七有婦人焉條。

（註四四）詳中國古代婚姻史第二七—二九頁。

（註四五）語見周書后妃傳。

（註四六）詳見宋徐天麟西漢會要卷六和蕃公主條並漢書張騫傳。

（註四七）見梁乙眞中國婦女文學史綱第七三頁及第一三一頁。

（註四八）詳夏曾佑中國古代史下册第五二〇頁。

（註四九）參照唐會要卷六和蕃公主條及新唐書四夷各傳。

（註五〇）見中國內亂外禍歷史叢書第三册南渡錄卷二卷三。

（註五一）見宋史外國傳及遼史屬國表。

（註五二）詳中國法制史第七五—七七頁。

（註五三）參照中國古代史下册第五一八頁，晉書楊佺期傳及昭明文選沈約彈文。

（註五四）參照趙翼陔餘叢考及魏書崔武傳。

（註五五）見北齊書陳元康傳及孫搴傳。

（註五六）見唐書高儉傳及杜羔傳。

第二章　婚姻人數

自婚姻當事人之數目而言，可分為多夫多妻制、一夫一妻制、一夫多妻制及一妻多夫制四種。此在中國，以歷史之悠遠，地域之擴闊，族源之複雜，皆可得其例證，惟其中有原則與例外之分別而已。多夫多妻制卽羣婚制，是否為人類婚姻較早之淵源，抑僅為多妻制與多夫制之混合，當讓諸社會學家解決，而就中國言，則似乎先有羣婚時代之經過，始演變而有他種婚制。（註一）其中自周以來，無論禮也、法也，於原則上皆係採取一夫一妻制，雖有媵妾，非卽為妻，故愚向稱其為多妾制中之一夫一妻制。（註二）顧既為一夫多妾制，且雙娶之例，雖後世猶恆見之，則於事實上殊亦不能謂與一夫多妻制卽絕緣也。至於一妻多夫制之發現，誠為至鮮，然事實之相近者仍偶見之，其在邊族存有此俗者更無論矣。

一　多夫多妻制之推測

羣婚之事實果係發生甚早，其始也必爲防止不同輩行者間之交合而然，於是惟近支之兄弟姊妹得營其性生活，是曰血族羣婚制；由此更進一步，禁止近支之兄弟姊妹共相婚姻，而限於遠系之一羣姊妹與另一遠系之一羣兄弟結婚，是曰亞血族羣婚制。故在嚴格之用語上，羣婚爲名固與亂婚有別，第由其羣內各個男女觀之，仍未脫離所謂亂婚之狀態。中國往時學者雖承認原始亂婚之事實，然視爲伏羲制嫁娶以後，即絕其迹；且羣婚爲母系社會中之婚姻制度，先儒掩蔽母系社會之迹務欲其盡，遂亦否認羣婚制之存在階段也。不過古代各種史實與傳說，所與吾人之暗示，殊充分顯露中國於周以前，曾經過羣婚之時代焉。擇要論之。

（甲）與羣婚有關之禮俗　禮俗之成非自偶然，後代雖有更張，或另立其義，終莫能盡去前代事實之迹，羣婚制之遺痕不難於周世禮俗中覓得之，亦猶是也。

一曰、婚姻之重輩行也：羣婚制係在一定界限內，同輩行之男皆其女之夫，同輩行之女皆其男之妻；其所生之子女則兄弟姊妹也。（註三）此於禮記大傳之文，不難得其痕迹：

『……異姓主名治際會名著而男女有別；其夫屬乎父道者，妻皆母道也；其夫屬乎子道者，妻皆婦道也，謂弟之妻「婦」者，是嫂亦可謂之「母」乎？名者人治之大者也，可無愼乎！』

夫於男女之別而所注意者，僅爲輩行，則實含有羣婚之餘味也；其謂弟之妻曰婦者，始爲離開羣婚暗示之言耳。此外，如禮運曰，『合男女，頒爵位，必當年德，』亦僅以謹於其年爲合男女之條件，是又隱然有同輩行之意也。輩行不合而相淫，曰烝、曰報，故禮記爲父子聚麀之戒，詩人爲新臺有泚之刺，視爲亂人倫之甚者；輩行相合則僅曰淫、曰通而已！（註四）何以謹其輩行如此？此或因周以前曾經過重視輩行之羣婚制，始然也。

一曰、夫婦之有其別也往時學者旣屢以『男女有別』爲婚姻目的，復以『夫婦有別』爲人倫大道，有如孟子所云：

『聖人有憂之，使契爲司徒，教以人倫：父子有親，君臣有義，夫婦有別，長幼有序，明友有信。』（滕文公上）

自非全然重複之辭，初或各有所指：「男女有別」當係對輩行不合之亂婚而發，俾男女之尊卑異等各依禮限，故大傳云『名著而男女有別。』「夫婦有別」當係對輩行相合之羣婚而發，俾夫有確定之婦，婦有確定之夫，遂謂弟之妻爲婦，謂兄之妻爲嫂矣。此兩種用語之混同，並泛指男女一切之隔離，或係後起之義也。至於「長幼有序」一語，往時學者每與父子有親、夫婦有別一類語句連用之，愚並疑其爲創自劃分羣婚而爲個別婚之際所用者；蓋在羣婚制中，同輩行之兄弟姊妹間，各有長幼順序，即以之爲夫婦之別耳。

一曰、嫂叔之遠隔離也：禮法中言及男女有別，每特別重視兄弟之妻之隔離，而以嫂叔云云爲其用語之代表，即言嫂叔之際，兄與弟妻之關係亦往往可推及之。如謂「嫂叔不通問，」「嫂不撫叔，叔不撫嫂，」「嫂叔之無服也，蓋推而遠之也，」（註五）皆以遠別爲言，其極力避免羣婚制中男女無別之嫌，昭然若揭。故禮記檀弓疏引何平叔云：

「夫男女相爲服，不有骨肉之親，則有尊卑之異也；嫂叔親非骨肉，不異尊卑，恐有混交之失，推使無服也。」

顧炎武在其日知錄中亦謂「夫外親之同爨猶服，而獨兄弟之妻不爲制服者，以其分親而年相亞，故聖人嫌之，嫌之故遠之，而大爲之坊。」黃汝成並註曰，「傳曰，『其夫屬乎父道者，妻皆母道也，其夫屬乎子道者，妻皆婦道也，』言外見昆弟之妻非母非婦，其近乎妻道矣！」無一不啻爲防再蹈羣婚之轍而設說也。但既以『嫂』尊稱其兄之妻，（註六）雖不制服，情終不可闕，於是惟有爲位而哭之耳。（註七）後世去羣婚時代已遠，嫂叔無服自覺不妥，此唐太宗之所以爲疑，而魏徵議禮，遂定以小功五月之服。（註八）倘古昔無羣婚之經過，吾恐先儒早於制服之初爲有服之制定矣。

（乙）與羣婚有關之稱謂　在各種稱謂方面，含有羣婚制之遺迹，似亦不少，此可於左列諸端，一證愚之所言。

一曰、諸父與諸母之稱謂也：在羣婚制中，爲同輩行之男女結合，祇有橫的世代，而無縱的家世，故祖父母爲一列，父母爲一列，子女爲一列。（註九）於是自男女而言，則爲多夫多妻，自子女而言，則爲多父多母，除殷代地下材料得充分證明此事，將另述之外，其在周時，亦有諸父諸母之稱，如詩小雅「言旋言歸，復我諸父，」「既有肥羜，以速諸父」即是。此諸父云云，係伯叔之通稱，包括所謂世父叔父在內，或沿羣婚之舊而云然耳。諸母之稱，如禮記『諸母不漱裳』是。此雖解爲父之諸妾有子者，而與羣婚舊習之稱，似亦不無相關。

一曰、兄弟與亞壻之稱謂也：在昔以『兄弟』稱謂兼示婚姻嫁娶或統稱戚屬，似非偶然出此，當與羣婚中重視兄弟輩行有關也。(註一〇)以兄弟稱婚姻嫁娶者，如周禮地官大司徒之『聯兄弟』禮記曾子問之『不得嗣爲兄弟，』公羊傳之『其言來逆婦何，兄弟辭也』皆然；而宋魯之間名結婚姻爲兄弟，更見於公羊注也。以兄弟統稱戚屬者，如爾雅釋親之『婦之黨爲婚兄弟，壻之黨爲姻兄弟，』儀禮士冠禮之『兄弟畢袗玄』(註一)皆然。何故必以兄弟稱？據孔穎達曾子問疏，謂

『夫婦有兄弟之義；或據壻於妻之父母有緦服，故謂之兄弟。』

以緦服關係稱婚姻爲兄弟，當係後起之義，夫婦有兄弟之義，晤與羣婚制相合，其或然乎!?至於『兩壻相謂爲亞，』見於爾雅，詩小雅並有『瑣瑣姻亞』之語，當係僚壻友壻連袂等之古稱。稱以『亞』者，據劉熙釋名云，『言每一人取姊，一人取妹，相亞次也，』此或於羣婚制廢除之初，從長幼有序中，維持夫婦有別之新規，遂以亞次爲言耳。

一曰、娣與姒之稱謂也：娣姒稱謂，或依爾雅『長婦謂稚婦爲娣婦，娣婦謂長婦爲姒婦，』以爲係據夫年之長幼而定，則與後世兄弟之妻相呼曰妯娌同義，自與羣婚制之遺迹無關。然依左成十一年載魯宣夫人穆姜，以宣公弟叔肸之妻不聘，曰『吾不以妾爲姒；』又昭二十八年載叔向之嫂，以弟婦生子，走謁諸姑，曰『長叔姒生男；』反之，公羊莊十九年云『娣者何？弟也：』並未就夫之長幼爲娣姒之稱，可知此乃依自身年齡之大小而計，或在羣婚時代已然，一若兄弟方面有大兄、兄之稱謂，後世卽沿其習而用之焉。然既有姊妹之名，何必又爲娣姒之稱？斯或娣姒爲稱先於姊妹，或姊妹在婚姻關係中稱以娣姒，皆有可能。然依爾雅及左昭十一年疏，女子俱嫁事一夫，謂先生爲姒，後生爲娣；與夫易歸妹及公羊莊十九年傳，妹之從嫁者卽稱曰娣，則後項推測或更近也。

（丙）與羣婚有關之故事　就事實而尋羣婚制之痕迹，今人郭沫若於其中國古代社會研究中富有此種搜求（註一二）而般世之經過羣婚制，在地下所得之材料上更顯著也。

一曰、舜象故事中之有羣婚制也：關於堯降二女于嬀汭，嬪于虞一類之故事，見諸各書，（註一三）其故事當必有據，而非完全屬於假設可知。孟子萬章並載『父母使舜完廩，捐階，瞽叟焚廩；使浚井，出，從而揜之。象曰，「謨蓋都君，咸我績。牛羊，父母；倉廩，父母；干戈，朕；琴，朕；二嫂，使治朕棲！」象往入舜宮，舜在牀琴。象曰，「鬱陶思君爾！」忸怩。』郭沫若謂依其文字似為未遂犯然，實則兄弟共妻娥皇女英之事，已經後人修改而隱蔽矣。並舉楚辭天問篇「眩弟並淫，危害厥兄」云云，謂其亦為舜象羣婚之一證也。依愚觀之，堯果有釐降二女之事，則試舜也，何必二女？斯不能謂非羣婚之習慣而即然也。雖曰，依世本所載，堯女於舜之曾祖為四從姊妹，似與重輩行之羣婚相反，然世本僅一家之言，古人已謂其未可據信，(註一四)自不能以之為疑。且羣婚制之重輩行，不過在血族或相近血親中視之惟謹，若同族之遠支，非若後世宗法社會有譜可按，即不能絕對依其世系而求輩行之同焉。

一曰、殷世故事中之有羣婚制也：殷世有羣婚制，於其卜辭及保定南鄉出土之勾力諸語，即可知也。(註一五)就祖妣一列而言，或直稱衆祖，或祖妣同樣稱名而無後世伯叔之別，即有加以區別者，亦祇以數字示其次第而已。如『衆祖丁，』『祖辛一牛，祖甲一牛，祖丁一牛；』『大祖日己，祖日丁，祖日乙……』以及妣甲、妣乙之類皆是。就父母一列而言，有泛稱諸父者，有列舉諸父之名者，母亦如之；並有以長幼分別指示者。如『貞帝多父；』『貞之父庚，貞之於父辛；』『大父日癸，大父日癸，仲父曰癸，父曰癸，父曰辛……」皆是依多父多母之現象觀之，卽不能謂與羣婚無關，蓋祖妣一列者皆爲祖妣，父母一列者皆爲父母，僅或有「大」「仲」之別而已！因而同輩年長者，始有「兄」之稱，如「大兄曰乙，兄曰戊，兄曰壬……」是也。故殷世父子之特殊關係不明，而兄弟之輩行可數，其繼承多爲兄終弟及，似尙不僅以男子連翩來嫁爲唯一原因耳。且殷之祖先，王國維曾證明係山海經之帝俊，帝俊卽帝嚳，卽卜辭中之高祖夋；郭沫若更謂帝舜亦卽帝嚳等之化名，象卽有扈氏，其言果確，則羣婚制或爲殷一部族之特有亦未可知。不過郭沫若既斷定殷周同祖，遂疑及「太姒嗣徽音，則百斯男，」及文王十三生伯邑考之不可能，謂其多子亦或爲羣婚所致；然愚則未敢視爲定論，因殷周縱曰同祖，兩部族之文化根本有異，其制度自難相同故也。此種羣婚事實，後世絕少其例，蓋夫婦有別之原則成立，姊妹妯娌之事固有（註一六）而以一羣姊妹與一羣兄弟共婚，自不可能也。

二　一夫一妻制之承認

一夫一妻制之前身爲臨時之偶婚制，此無問題。惟偶婚制由何而生，社會學家爲說不一，或曰，在羣婚期間，有時恆發生正夫正妻之關係，卽男擇一女爲正妻，以其餘女爲副妻，女擇一男爲正夫，以其餘男爲副夫，是已具有對偶婚姻之傾向；殆羣婚生活不可能，而母系社會之偶婚制成矣。（註一七）或曰，原始社會以隨意的一夫多妻制爲原則，其中亦有正妻副妻之關係，降而始有大婦侍妾之分，並因種種關係，遂『不得不一夫一妻制』矣。（註一八）或又曰，原始時代卽爲偶合的一夫一妻制也。（註一九）但在中國，關於羣婚之經過旣難絕對否認，則偶婚制之成立，必在羣婚制衰落以後，可以斷言。惟羣婚狀態中，有時有正妻正夫之關係存在，則在事實上遇僅存正夫或正妻之時際，亦卽一夫多妻制或一妻多夫制之發現。故中國於禮法上所承認之一夫一妻制，爲其起源之偶婚，是否直接爲羣婚制所演變，抑或經過多妻制而始如此，實成問題。不過依關於多妻制傳說之古，與以後在事實上，多妻之狀態仍存，則由羣婚而多妻而偶婚而一妻，或爲其演變之眞迹，亦未可知。此種一夫一妻制之在中國，由周迄於淸末，數千年中，僅在禮法上予以承認，若夫按其實際，固未脫離一夫多妻制之範圍也。

（甲）禮制上之一夫一妻制　在宗法社會中，一方面爲胤嗣之續可以多娶，一方面重嫡庶之別，不得多『妻。』周之興也，以此爲制，儒家起而又極力渲染之。於是事實上雖一人而廣妻妾之奉，爲一夫多妻之狀態，第所謂嫡妻，所謂正室，依原則而論，仍祇許有一，不許有二也。其甚者或更以一夫一妻制爲最古所有者，如鹽鐵論散不足篇云，『古者夫婦之好，一男一女而成家室之道；及後世，士一妾，大夫二，諸侯有姪娣，九女而已！』此蓋與耶教聖經及歐美十九世紀中葉以前之學說爲同調也。茲惟就禮之通則上言之：

一則以陰陽喻夫婦之位：往時學者於典籍中，每以陰陽日月乾坤剛柔一類用語，示夫婦之關係，實充分含有一夫一妻制之承認也。禮記祭義云，『祭日於東，祭月於西，以別內外，以端其位，』方之婚姻正亦如是。故曰：

『大明生於東，月生於西，此陰陽之分，夫婦之位也。』（禮記禮器）

其稱衆妾爲小星者，自非盡如鄭玄所謂妾御於君不當夕，見星而往，見星而返之謂；（註二〇）蓋以日月擬夫婦，衆妾卽不得不擬爲小星耳。卽以帝王而論，往往宮嬪千百，仍本此論，於原則上爲一夫一妻制之維持，如禮記昏義云，『天子之與后，猶日之與月，陰之與陽，相須而后成者也。』是以『天子聽男教，后聽女順，天子理陽道，后治陰德，天子聽外治，后聽內職，教順成俗，外內和順，國家治理，此謂之盛德」焉。後世對於此種比擬，依然莫改，試觀前漢書外戚傳唐顏師古注曰，「后亦君也，天曰皇天，地曰后土，故天子之妃以后爲稱，取象二儀；」卽可知矣。他如唐魏徵之序隋書后妃傳曰，「夫陰陽肇分，乾坤定位，君臣之道斯著，夫婦之義存焉，」亦然。

一則以媵妾置敵體之外：周禮，「媒氏掌萬民之判，」判、半也，得耦爲合，主合其半，成夫婦也。則一夫一妻之承認，在言外矣。故典籍中，恆以男女婚配之關係，用伉儷妃耦等語表示者，(註二一)皆有與夫爲敵或對合牉合之意義，而惟以妻是言，所謂媵妾皆除外焉。蓋專依夫婦本身之地位論，妻固以夫爲「君，」但妾又以妻爲「女君，」則妻者齊也，(註二二)正係對媵妾而言其與夫之關係也。在多娶中，僅有一人爲妻，則嚴別妻妾之地位，使不相亂，卽所以爲一夫一妻制之維持耳。春秋之世似多違此，故「毋以妾爲妻，」遂爲盟會之禁條矣。(註二三)且中國禮制上之一夫一妻制，有時更指終身不能有二嫡而言，正與古代西俗每人祇可終世爲一次之婚娶相同。如周代諸侯雖一娶九女，但依禮不再娶，於法無二嫡，媵祇能於嫡死後而攝其事，無論如何不得體君。(註二四)後世爲例稍寬，妻死，再娶一妻固係通常之舉，卽扶妾於正位亦多有之。然稱繼室以「填房」或「接脚夫人」與「元配」之地位仍覺有遜。此在帝王方面尤傾向於此舉，或則於合葬方面限制一后附之，或則於祭禮方面限制一后配之，迄於明世猶然。例如明之太廟制有九，皆一帝一后，祧廟同；雖繼后生后皆不得入。卽宮中奉先殿亦一帝一后，僅嘉靖以後，始有以繼后生后入者。是故崇禎帝爲祀其母劉氏，依然與其他生繼七后別建一殿爲之。（註二五）則在原則上更持以嚴格的一夫一妻制矣。

一則以多耦爲淫亂之本：易革卦彖曰，「革，水火相息，二女同居，其志不相得曰革。」疏謂「一男一女乃相感應，二女雖復同居，其志終不相得，則變必生矣，所以爲革。」此種反對多妻制之理由，正與某部落之婦人論多妻制曰，「吾輩帳幕中若有二妻同處，必彼此抓面擒髮以鬭」云云，有同然也。（註二六）故左桓十八年謂「並后（妾如后）、匹嫡（庶如嫡）、兩政、耦國，亂之本也。」雖後世不乏並后雙娶之事例，亦僅例外上如此，非原則也。至於多夫，尤與女子貞順有違，更反對之。易姤卦云，「姤，女壯，勿用取女。彖曰，姤，遇也，柔遇剛也，勿用取女，不可與長也。」疏謂此卦一柔而遇五剛，故名爲姤，施之於人，則是一女而遇五男，爲壯至甚，故以勿用取此女戒之；蓋淫壯若此，殊不可與之長久也。依其見解，不啻爲多夫制之反對矣。夫旣對多妻事實有所不滿，又對多夫狀態有所指責，其承認一夫一妻制之合理也自不待云。

（乙）法制上之一夫一妻制　秦漢以後，用律輔禮，故禮制上所否認之妻妾易位，或尊妾爲妻，歷代各律每禁止之；其尤著者，則爲重婚罪之制定是也。重婚云者，有配偶而於其關係存續期間中，與他人更爲婚姻，或同時與二人以上者結婚之謂也。（註二七）此在今日，不問男子重婚或女子重婚，皆受同一之處罰，然在往昔，則對男子重婚者之處罰恆輕於女子重婚者，故於維持一夫一妻制之目的下，男女地位依然不能平等也。唐以前各律久經散佚，關於重婚罪之如何規定，莫能詳考。茲惟就唐以後言之：

一爲關於男子方面重婚罪之制定：唐律戶婚，「諸有妻更娶妻者，徒一年，女家減一等；若欺妄而娶者，徒一年半，女家不坐，各離之。」疏義謂依禮，日見於甲，月見於庚，象夫婦之義，一與之齊，中饋斯重，故更娶者合徒一年；若有妻言無，並涉欺妄，合徒一年半。此種更娶之婦，法須離異，則在未離以前，而與男子之內外親屬相犯者，亦不爲「妻法」之準用。所謂

『一夫一妻不刊之制，有妻更娶本不成妻，詳求理法，止同凡人之坐。』（唐律疏義）是也。宋刑統之規定與唐同。元、依元史刑法志載，『諸有妻妾，復娶妻妾者笞四十七，離之』，處罰較唐宋爲輕，然有妾更娶妾者復同其罪，又所異也。明清律婚姻篇『若有妻更娶妻者，亦杖九十，離異』亦輕於唐宋，蓋由徒一年減爲杖九十耳。且在清時，兼祧雙娶，更不以之爲罪也。民國成立，前大理院並有從寬之判例，如上字第一一六七號判例謂『若在許婚當時，實已明白通知已有妻室，則其後娶之妻，在法律上僅爲妾之身分，即不得謂爲欺飾而還令離異』；是蓋有妻娶妾，有妾娶妻，在近年以前，妾制依然如故，遂視爲不歸於重婚罪之範圍云。（註二八）

一爲關於女子方面重婚罪之制定：唐律戶婚，『諸和娶人妻，及嫁之者，各徒二年，妾減二等，各離之』；『妻妾擅去者徒二年，因而改嫁者加二等』，此與女子方面之重婚罪有關，加二等即爲徒三年，蓋含有背夫之責，故其刑更較有妻更娶僅徒一年爲重也。五代沿用唐律，但周世宗時更加重之，妻擅去者徒三年，因而改嫁者流三千里，父母主婚者獨坐父母，娶者如知情則與同罪，娶而後知，減一等，並離之。（註二九）宋刑統與唐律同。元、依元史刑法志載，『諸有女納壻，復逐壻納他人爲壻者，杖六十七，後壻同其罪，女歸前夫，聘財沒官」亦有關於女子方面之重婚罪也。明清律「若妻背夫在逃者杖一百，從夫價賣因而改嫁者絞」則由唐之徒三年，而周之流三千里，至是遂增至絞；與男子方面重婚罪之遞減刑度適爲相反。至於在贅婚中，逐壻嫁女之重婚罪，明清律同有規定。卽，凡逐已入贅之壻重嫁其女，或再招壻者；杖一百；事由父母專制，除女通同爲之者，其女不坐。後婚男家知而娶或後贅者同罪，其女斷付前夫，出而完聚。民國成立後，其所援用清末之新刑律，其第二九一條始將男女雙方之重婚罪爲同等規定，「凡有配偶而重爲婚姻者，處四等以下有期徒刑，或拘役，其知爲有配偶之人而與爲婚姻者亦同」是也。

三　一夫多妻制之演變

一夫多妻制是否在原始社會中卽已發達，抑或自社會財富形成以後，始有其事，社會學家見解不一。（註三〇）然就中國而論，古既經過羣婚之階段，則學者每稱中國最古盛行一夫多妻制，（註三一）或不免與多夫多妻制有其混同，尸子所謂「堯聞舜賢，徵之草茅中，妻之以媓，媵之以英，」

卽其近似之例。不過依前所述，一夫多妻制究係由羣婚制蛻變而出(註三二)且在掠婚賣婚形式中似更發展；反之一夫一妻制之確定，則又與後起之聘娶婚形式有其密切關係；故就大體而論，一夫多妻制雖次於羣婚，但較一夫一妻制之發達，當在其先。迨一夫一妻制之原則爲禮法所承認後，多妻事實遂一變而爲媵妾等等之存在。愚固不能謂此與賣淫等事爲緩和一夫一妻制之苦悶，並爲兩制之中間連鎖，如某派社會學家所論者；第中國數千年來之一夫一妻制究不過在原則上如此，而在實際上一夫多妻制僅變其形態，仍與之並存焉。

（甲）雙娶及二嫡　此爲一夫多妻制之正型，其起源當早於媵妾之制，蓋羣婚中男子方面在事實上僅存一人，則變爲一夫多妻制，迨掠奪買賣之婚俗成，當更發達矣。往時學者謂黃帝以嫘祖爲正妃；帝嚳帝堯共立四妃，其一爲正妃；舜不告而娶，不立正妃，僅三次妃，謂之三夫人，或曰，長妃娥皇，次妃女英，次妃癸比云云；(註三三)依愚所見，實與羣婚制之背景暗合，黃帝、帝嚳、堯、舜之稱，或卽所謂正夫也歟!?然如實際上祇有正夫之存在，並無兄弟可作副夫，則一夫多妻之狀態見焉。今人謂最古卽以帝主之貴匹耦多妃，依此爲論，亦未可絕對否認之也。周與以後羣婚制完全消滅；由其演變而來之一夫多妻制，雖在禮制否認「並后」「匹嫡」之原則下，仍時隱時顯，直至今世始見革除。何以言之？

其一、春秋時之多娶：晉獻娶于賈，烝於齊姜（收繼爲婚），又娶二女於戎，復得驪姬，且有其娣，此並非僅以升驪姬爲元妃，即以爲妻，其他盡視爲媵妾也。齊桓除內嬖如夫人者六人外，並有三夫人；王姬、徐嬴、蔡姬是也。鄭文夫人芈氏姜氏勞楚子於柯澤，旣皆以夫人稱，則必爲匹嫡也。晉文初奔狄，狄人納季隗；適齊，齊桓公妻之；入秦，秦伯納五女，懷嬴與焉；後雖班其次序，偪姞第二，季隗第三，杜祁第四，懷嬴第九，當亦元妃次妃之類也。陳哀公元妃鄭姬生悼太子偃師，二妃生公子留，下妃生公子勝，皆以妃稱，亦僅爲正妻副妻之別也。（註三四）他如太叔疾之一宮二妻，管仲之三歸皆然。（註三五）凡此各例，言禮者皆歸於春秋淫亂所致，並對『三歸』文句另有解釋，似不足援而說明婚制。然多妻淫佚，縱非婚姻之正，而此制度仍繼存於社會事實中，終亦莫可否認也。降至戰國，戰國策所載「楚人有兩妻者，」愚昔以在多妾制下，絕不容有兩妻平等之存在，而認爲兩妻或係「一妻一妾」之誤，（註三六）不過當時係依據禮制之原則而論，故云。若夫按其實際，反足證明春秋時之兩妻事實且延續於戰國時也。卽在兩漢之世，多妻事實不甚通行，然仍沿用「傍妻」「小妻」名稱，以指妾輩；魏志中且有「小妻」之謂，(註三七)則其由來遠矣。

其一、魏晉間之二嫡：鄭子羣先娶陳氏女，經呂布亂，不知存亡，又娶徐氏女，而陳氏還，遂二妻並存。王毖先娶妻息，入魏，與鄉隔絕，又娶，生子昌，亦爲雙娶事實。吳國朱某娶妻陳氏，入晉，晉又賜之以妻，各生子，及其終也，二子交相爲服，世以爲賢。陳詵先娶李氏，爲賊擄去，後娶嚴氏，而李氏遇救還，詵籍注領二妻。此皆因故而遇雙娶之事，尙非出自本意。若夫程諒之立二嫡，溫嶠之娶王氏、何氏，朝廷並贈二人以夫人印綬，又皆公然視二嫡之爲正也。(註三八)其實君主之承認二嫡爲制，尙不僅溫嶠一例，晉武帝之聽賈充置左右夫人，實開其端；而北齊時，以劉芳孫女，崔肇師女，夫家坐事，並賜魏收爲妻，時人比之賈充置左右夫人，又其續也。(註三九)

其一、北周後之並后：三國時，孫皓宮中，佩皇后印綬者甚多，尙非卽以后稱也。春秋以降，並后之事，除北齊後主外，以北周爲著。當時五皇后並立，曰天元大皇后、天大皇后、天左大皇后、天右大皇后、天中大皇后是也。(註四〇)唐無並后之事，但在五代方面，後唐之太祖，則有劉曹兩妃，爲晉王時，各被封爲夫人；莊宗正室曰衞國夫人韓氏，其次燕國夫人伊氏，其次魏國夫人劉氏：旣皆以妃及夫人稱，卽非絕對之妻妾關係可知，故莊宗卽位後，得尊生母爲皇太后，而以嫡母爲皇太妃，並册魏國夫人爲后也。(註四一)元、其始卽採並后之制，新元史后妃傳載之詳矣。明、並后匹嫡亦有數例，一爲懿文太子之常呂兩氏並册爲妃，一爲秦王樉之納王保保妹爲妃，又以鄧愈女爲配，其他又有憲宗時兩太后並尊之故事也。(註四二)降至清世，穆宗立後，尊文宗皇后鈕祜祿氏爲慈安皇太后，其生母皇妃那拉氏爲慈禧皇太后，並臨朝聽政，則又兩宮並尊之續也。

其一、清以降之兼祧：清高宗時，以律旣禁異姓爲後，又必令昭穆倫序相當，結果或竟無後可立，遂定兼祧之法，令一子兼承兩房之嗣，此又爲世人開一雙娶之新徑。民國成立以後，習俗仍有「開門立戶」之事，卽一人藉兼祧爲名，可娶多女，稱曰「平妻」或「平處」，亦卽所謂「兩頭大」是。然在法律上則以有妻更娶，旣干禁例，兼祧並娶亦顯違科條；故兼祧後娶之妻，仍視之爲妾。(註四三)現行民法已廢宗祧繼承之制，刑法對重婚罪之規定又詳且盡，則兼祧也，雙娶也，更無存在餘地矣。

(乙)媵嫁及同嫁　媵之爲制著於春秋，乃貴族婚姻之特例，蓋一國或一姓之女出嫁，在原則上必有同姓之女隨而送往夫家，且處於從嫁地位者是也。故男子雖可一娶數女，而嫡室則一，仍不背一夫一妻制之原則。學者或疑此制爲漢儒所附會，或稱爲春秋之僭妄行爲，非屬通制。（註四四）依愚觀之，媵制非興於古，此可斷言，但周代卽有其事莫可否認，且或由羣婚掠婚演變而出也。因在媵制中，除「姪」之隨嫁爲輩行不同，或係後起之事外，（註四五）所謂娣之從也，實卽姊妹同時共嫁之性質，惟在羣婚制中係嫁於多夫，非嫁於一夫耳。其在掠婚時代，旣以掠奪爲婚，卽不限於一女，娣之行也實屬可能，後世帝王之強娶一姓雙女，類多如是。至於「以姪娣從」之外，又以他國之女隨嫁，稱曰正媵，當爲周興以後之制；蓋擴大媵嫁之範圍，以示天子諸侯婚娶之榮貴，學者謂其「所以正嫡妾，廣繼嗣，息妬忌，防淫慝，塞禍亂也。」（註四六）要之媵制原具有姊妹同時共嫁之性質，其中以一人爲嫡，餘之身分亦高於諸妾，乃介乎一夫多妻制與一夫多妾制之間，而爲禮制上對一夫一妻制之原則，首所保持者。後世媵制衰而姊妹同時共嫁之事仍時有之。然在女子同嫁中，無論其有無嫡妾之分，或皆爲妾，均係指「女子同出」俱嫁事一夫而言；若夫姊妹之異時續嫁，則爲純粹之順緣婚，與一夫多妻制無關也。

其一、周代之媵嫁或云，天子娶后，三國來媵，國三人，並后本國爲十二女，此認媵制之行於天子方面者。(註四七)或云天子娶十二女爲夏制，依昏義則后及姬妾共一百二十一人，實與媵制無關。(註四八)然媵制既在春秋時通行於諸侯間，天子自難外例，一娶十二女，或得其正，而廣娶多女，增益其數，亦事之可能者，惟不必如昏義與周禮所言之確耳。諸侯方面之適用媵制，並無爭論。公羊莊十九年，「媵者何？諸侯娶一國，則二國往媵之，以姪娣從。……諸侯壹娶九女，諸侯不再娶；」而左成八年、九年，亦有衞人晉人來媵共姬，禮也；凡諸侯嫁女，同姓媵之，異姓則否云云，皆其明證。卿大夫方面因依禮不能外其國而娶，且地位遜於天子諸侯，祇有姪娣隨嫁，卽名曰媵，別無他國來媵之例。(註四九)喪服大記謂「大夫撫室老，撫姪娣」左襄二十三年謂「臧宣叔娶于鑄，生賈及爲而死，繼室以其姪，」可知也。士之方面，據白虎通及日知錄謂不備姪娣；曲禮疏引熊氏云，士有一妻二妾，言長妾者當爲娣也，而鄭玄亦謂士有姪娣也。然依儀禮士昏禮「雖無娣，媵先」云云，士當有其『娣』，而所謂「媵」者非必指「姪。」此「媵」字或泛指從嫁而來服勞役者，如後世之伴娘是，故與爲壻服勞役之「御，」處處對稱。白虎通謂士一妻一妾，曲禮謂士不名家相長妾，實卽娣也。媵制至戰國卽已無聞，蓋原有之貴族階級既衰，同姓之國存者亦少，而姊妹同嫁或已不視爲定則故耳。不過後世既仍有姊妹同時共嫁之例，雖非媵制之續要與媵制不無相近。至於存媵之名以示他事者更甚夥矣。

其一、後世之同嫁：漢時，趙飛燕與其女弟，俱爲倢伃，貴傾後宮，卒皆無子：見漢書外戚傳。魏時，文帝踐阼後，山陽公奉二女以嬪于魏：見魏志甄皇后傳。晉時，劉聰妻劉氏字麗華，謚武宣皇后；其姊麗芳亦同嫁，謚武德皇后：見晉書列女傳。北魏時，爲例更夥，世祖平統萬，納赫連氏女及二妹，俱爲貴人，後立其姊爲皇后；文明太皇太后欲家世貴寵，簡馮熙二女俱入掖庭，一早卒，一卽孝文幽皇后：見魏書后妃傳。唐宋爲例不顯。然五代十國之際，前蜀王建之納徐耕二女，一爲賢妃，一爲淑妃；遼、金之朝，遼道宗惠妃蕭氏無子，而使其妹與他人離婚，納宮中；金宣宗王皇后於宣宗爲翼王時，先入王邸，及見其姊有姿色，又納之，卽明宣皇后是：是則又姊妹之同嫁者也。（註五〇）元太祖滅四部塔塔兒，先得也速干皇后，後又因其姊尤美，搜而得之，卽也遂皇后；武帝宣慈惠聖皇后之從妹亦嬪武宗，卽速哥失里皇后；泰定帝二妃，一曰必罕，一曰速哥答里，皆弘吉剌氏兗王買住罕之女，又其繼也。（註五一）依上所述，後世姊妹同嫁，大抵在帝王間如此，且亦非皆然也。此蓋利其色姿而強娶者多，不然，即係女方慕其富貴所致。一般之人旣無絕大威勢，又無特殊富貴可供羡慕，故如以妻妾分等而同嫁之，雖爲法所不禁，究少其事。至於後世，除姊妹同嫁外，固亦不無媵女之例，惟所媵者，並非同姓之姊妹，實爲異姓之婢，如唐書所載李迥秀因其母不樂其妻之詈媵婢，卽出其妻云云，是媵婢爲制，唐已有也。近世隨嫁之婢，於富貴家猶見之，且往往收而爲妾，實不失爲古代媵制於後世士庶人方面僅存之痕迹耳。

（丙）貴妾及賤妾　釋名云，『妾、接也，以賤見接幸也；』彙苑云，『妾者，接也，言得接見君子而不得爲伉儷也。』其來源有出於犯罪者，有出於購買者，有由於私奔而不備禮者；（註五二）其中除奔則爲妾，有近於『姘』外，大都與後世婢類無異。然因周創宗法，嚴嫡庶之別，儒貴正名，爲妻妾之制，於是一夫多妻制中之次妃副妻，媵制中之正媵及姪娣，皆一律稱其爲妾，則在妾之來源上，又有聘而爲妾及媵而爲妾者矣。貴妾之稱，蓋卽指此，其賤者或以侍妾稱之，後世掖庭之宮女，民間之婢，在名分上降於妃嬪及妾一等，當與古之賤妾同也。至於宮伎家伎之蓄養，則又多妻多妾外之另一途徑也。

其一、周秦以前之妾制：妾之起源當在掠婚時代，蓋掠奪外族之女爲妻爲媵以外，且或令之爲妾，對於女子有罪者亦如之，乃『男爲人臣，女爲人妾』之類，實卽奴婢而已。甲骨文中已有奴妾等字，易鼎卦『得妾以其子』，或其始也。周興儒繼，以妾泛稱嫡以外之側室、副室、偏房等，妾制遂定而益複雜。在天子方面，雖有一娶十二女與後宮除后外爲一百二十人兩說，然后終爲一人，餘皆貴妾也。曲禮云，『天子有后，有夫人，有世婦，有嬪，有妻，有妾』，此妾依鄭玄注『妾，賤者』，當在十二女或百二十一人以外，乃賤妾也。周禮於女御之下，有女祝、女史等職，皆指女奴而言，而內司服縫人之屬，又另有女御二人或八人，亦當於王，廣其禮，使無色過，此亦賤妾之類也。(註五三)在諸侯方面，依媵制而論，一娶九女或爲原則，蔡邕獨斷所謂『諸侯一娶九女，象九州，一妻八妾』是也。曲禮云，『諸侯有夫人，有世婦，有妻，有妾』，疏稱世婦之數二，妻之數六，與夫人適稱九女，而妾賤者不在九女之內；則諸侯所納者並非以八妾爲限可知。觀於詩泉水之『諸姬』，碩人之『庶姜』，韓奕之『諸娣從之，祁祁如雲』，敝笱之『齊子歸止，其從如雲』，愚並疑其數當衆多也。其八妾中，依曲禮『國君不名卿老世婦，』則世婦爲尤貴也。至於不遵媵制或變更媵制而廣納姬妾者，爲例更多，齊襄公於九妃之外，又有六嬪，管子小匡篇並載其陳妾數千，卽係一例。在卿大夫方面，嫡曰孺人，備有姪娣，故獨斷云，『卿大夫一妻二妾；』儀禮喪服謂大夫爲貴臣貴妾服緦之服，此貴妾云云卽姪娣也。且依白虎通云『大夫功成受封得備八妾者，重國家廣繼嗣也，』則大夫有時可置至八妾矣。降至戰國爲制益汰，故孟子曰『食前方丈，侍妾數百人，我得志弗爲也。』(註五四)在士之方面，嫡曰婦人，而曲禮又有『士不名家相長妾』之語，則鹽鐵論白虎通及獨斷所謂『士一妻一妾，』當係舊制，其賤妾或亦有之。在庶人方面，其室曰妻，僅與妻偶，別無媵妾，故有匹夫匹婦之稱(註五五)而文中子亦直言曰：『一夫一婦庶人之職也。』此按諸社會進化公例，貴族恆爲多妻制，平民恆爲一妻制，尙屬暗合。然至戰國，貴族往往降爲皁隸，庶民往往坐擁厚貲，奢侈成俗，納妾是榮，縱財力薄弱者，亦有所不免；孟子所謂齊人有一妻一妾云云，莊子所謂陽子之宋，宿於逆旅，逆旅有妾二人云云，韓非子所謂『二衞人有夫婦禱者，而祝曰，「使我無故得百束布。」其夫曰，「何少也？」對曰，「益是子將以買妾！」』云云，皆庶人有妾之證也。

其一、後世帝王之妾制：秦併六國，後宮爵列八品，漢承其制，適稱皇后，妾皆稱夫人，武元又增其級，凡十四等，非僅設職之名，亦貴妾之類也。其外有「家人子」，有「待詔掖庭」，皆處於後備軍之地位，謂其爲古之賤妾也可，謂其爲侍婢也可。在武帝以前，宮人尙少，武帝多取好女增至數千，雖各帝屢有出宮人之舉，無以救其失也。(註五六)王莽改制，貴妾之屬增至百二十人，故說者謂昏義後段之文，卽係古文家以莽制竄入者，然在漢以後各朝，則據而爲內職與設妾之原則矣。光武中興，制取簡略，但至安帝時，宮中侍御動以千計，直至東漢之末，宮女更達數千焉。(註五七)魏繼漢興，初於王后之下，設爵五等，至太和中，增至十二等。晉承魏統，有三夫人、九嬪、美人、才人等。然晉武多內寵，平吳後又納孫皓宮人數千，掖庭殆將萬人，而並寵者甚衆，帝莫知所適，常乘羊車恣其所之，於是以選擇之失，中原化爲左衽矣。(註五八)南朝宋、齊取晉制而變更之，梁、陳則或爲事實所限，或以樸素自處，後宮嬪嬙，位多不備。(註五九)北朝、魏道武始立中宮，餘妾或稱夫人，無定額；太武以後，後庭漸多；孝文改制，依昏義於左右昭儀之下，又設三夫人等百二十人之位，其餘內職多人尤在其外。齊、神武文襄俱未踐極，除嫡外，其餘侍姬並稱娘而已；直至武成新令，恢復百二十人之數，且置才人采女等以爲散號，後主既立二后昭儀以下，皆倍其數。周稱中宮者凡有五人，夫人以下略無定數。隋、開皇二年始依古制，省減其數，並置六尚六司六典以司宮政；文獻皇后崩後，一切仍復百二十人之數；煬帝妃嬪多陪從宴遊，且自製佳名，著之於令，其後宮之盛與晉可擬，唐初兩次出宮人六千人，即其證也。（註六〇）唐、百二十人之數如故，惟在開元以前，以貴、淑、德、賢四妃當夫人之位；內職設六局二十四司，凡一百九十八人，女史五十餘人，皆選良家女充之。其他宮人之屬，至玄宗以後亦盛，觀於肅宗寶應二年放宮人三千人，德宗貞元二十一年出三百人及教坊女妓六百人，憲宗元和八年出二百車，文宗開成三年以旱出劉好奴等五百餘人，可知其中之教坊女妓當爲宮伎，此明皇與貴妃曾統宮伎及小中貴各百餘人，大排其風流陣也。（註六一）然則五代史所載梁太祖已貴嬪妾數百，以之視唐，瞠乎後矣！宋、略與唐同，妃之稱號並有宸妃等，而仁宗時，淫雨久，臺諫即以嬪御太多，宜少裁減爲請，則後宮人數當亦不少。遼、妃之稱號亦衆；金、海陵淫嬖，後宮衆多，稱妃號者凡十二位；元、以並后著稱，然在皇后以外，倘有妃子之稱，則其妾也。（註六二）明、諸妃位號惟取賢、淑、莊、敬、惠、順、康、寧、昭之稱，下亦有嬪御之屬。其中以皇貴妃爲最尊，貴妃次之；然如有位號之妃，攝六宮事，則亦稱皇，皇寧妃、皇淑妃之類是，在地位上頗與世俗之『大姨太太』相當。(註六三)淸帝妾之貴者亦稱妃，如瑜妃、瑾妃、珍妃之類是。至於宮女之盛，明淸亦與前代無異。

其一、後世仕庶之妾制：西漢世俗奢侈，靡有厭足，而武帝又娶好女，以塡後宮；故使天下承化，娶女皆大過度，諸侯妻妾或至數百人，豪富吏民畜歌者至數十人。(註六四)證以鹽鐵論曰『今諸侯百數，卿大夫十數，中者侍御，富者盈室，是以女或曠怨失時，男或放死無匹』，更知其然。東漢稍爲限制，皇子封王，正嫡曰妃，娶小夫人不得過四十人。然『妖童美妾，塡乎綺室，倡謳伎樂，列乎深堂』之風，雖至魏晉仍盛其事，不過因婦妒之發達，『妓妾』雖廣，而正妾或減於兩漢；謝安好聲色，每以妓隨，但爲其妻劉夫人監視終不得立妾，卽一例也。(註六五)是故魏書臨淮王傳載晉爲置妾之令曰，『諸王置妾八人，郡公侯妾六人，官品令第一、第二品有四妾，第三、第四有三妾，第五、第六有二妾，第七、第八有一妾』，與其稱爲限制妾數，無寧稱爲欲廣繼嗣，必置正妾如制。北魏將相多尙公主，王侯亦娶后族，故無媵妾，習以爲常；臨淮王元孝友遂引晉制，請以王公第一品娶八，通妻以備九女，稱事二品備七，三品四品備五，五品六品則一妻二妾，限其一周，悉令充數；妻無子而不娶妾，斯則自絕，無以血食祖父，並請科以不孝之罪，離遣其妻云。然『河北鄙於側出』終自成俗，與南朝同樣在婦妒發達之下，尚可『不諱庶孽喪室之後多以妾媵終家事』爲稍異也。（註六六）隋興於北，獨孤皇后更集婦妒之大成，不特文帝不敢置三夫人，防其上逼；且又妒及高熲之妾生男，疑及太子之妾殺嫡，與夫諸王及朝士有妾孕者，必勸上斥之。是誠妾制之厄運，乃一大快事也！唐律關於妻妾身分之規定甚多，但未聞妾數之如何限制。在五品以上有貴妾，稱之曰媵，以下迄於庶人，則僅有妾。妾之下尚有婢之一級，若婢有子及經放爲良者，聽爲妾，此與魏、晉、南北朝對於家妓有子者，往往注籍爲妾，頗相類似。宋律同然。惟依鄭氏太和等之家範所云『子孫有妻子者，不得更置側室，以亂上下之分，若年四十無子者許置一人……』則在社會上並不以置妾爲當然也。金、海陵淫亂，推己及人，於天德二年命庶官得求次室二人，百姓亦許置妾。元、納妾似有定數，故有妾而再娶妾者，笞四十七，離之。明、於律中限制納妾甚嚴，除親王得一次置妾十人外，世子郡王額妾四人，二十五歲嫡無出，始許選二人，三十歲，嫡妾皆無出方許娶足四妾；長子及各將軍額妾三人，各中尉額妾二人，三十歲嫡無出，始許選一人，三十五歲，嫡妾皆無出，方許各足其數；故嫡室於年限內有子，則不得置妾也。庶人於年四十以上無子者，許選娶一妾，違而娶者笞四十。（註六七）降而至清，又趨於放任主義，不特士大夫納妾漫無標準，即富民豪商亦恆置妾多人。民國成立，暫行新刑律補充條例既於其第十二條明文承認妾之存在，前大理院及數年前最高法院亦承認妾爲家屬之一員（註六八）惟在今日法律已直間接禁止納妾矣。

四　一妻多夫制之偶見

因男權社會之成立甚早，視女子爲男子之所有物，故在中國，由羣婚制所變化之一夫多妻制，直傳於後，且變其形態存於最近，而一妻多夫制則早革除之矣。然此制雖不存在，後世事例與此相近者亦不無有至於邊族以其與諸夏來源之異，或仍存有此制，又當然也。

（甲）關於一妻多夫之奇例　淮南子氾道訓云，『昔蒼吾繞娶妻而美以讓兄……孟卯妻其嫂，有五子焉』，一爲孔子時人，一爲戰國時齊人，此與一妻多夫頗爲近似。惟如孟卯之兄若死，始妻其嫂，則屬『收繼婚』之性質，不得以一妻多夫擬耳。其事頗爲後世所非，故淮南子以『此所謂忠愛而不可行者」及「有所短」斷之。漢書地理志云，「燕地……賓客相過，以婦侍宿，」此亦近於一妻多夫，惟他夫乃臨時之過客耳。但在宣帝時，燕代之間，竟有三男共娶一女者，後因爭財分子，訟於京師，視爲禽獸之行，遂戮三男而以其子還母，對於一妻多夫取締之嚴可知。(註六九)宋書前廢帝紀云「帝姊山陰公主，淫恣過度。謂帝曰「妾與陛下，雖男女有殊，俱託體先帝，陛下六宮萬數，而妾唯駙馬一人，事不均平，一何至此!?」帝乃爲主置面首左右三十人：」是公然以男可多妻，女亦自可多夫，爲示均平之道。山陰公主的是「可兒」！降至唐世，武、韋兩后男寵甚多，又其續也。唐、宋以後迄于今世之「坐堂招夫」陋俗，雖係於夫死後，即坐其家再招一夫，不能謂係一妻多夫；然其中之「招夫養夫」或「掛帳十年；」則與一妻多夫，實相類也。「招夫養夫」云者，夫在不能養家，另招一夫入家之謂；「掛帳十年」云者，貧婦得夫同意，憑媒再贅一夫，爲期十年，以聘金歸原夫收用之謂。(註七〇)他如典妻事例，自元即有，明淸更嚴禁之，亦與一妻多夫爲近；(註七一)今俗所謂「樸妻」或「搭夥」是也。

（乙）關於一妻多夫之邊俗　周書異域傳載，「嚈噠國……在于闐之西……兄弟共娶一妻，夫無兄弟者，其妻戴一角帽，若有兄弟者，依其多少之數，各加帽角焉。」隋史西域傳載，「挹怛國，……兄弟同妻，婦人有一夫者冠一角帽，兄弟多者依其數爲角。」此在周、隋皆通使中國，知一妻多夫制實現於西部各族也遠矣。清趙翼之簷曝雜記謂甘省多男少女，往往有兄弟數人合娶一妻者云云，(註七二)此當係接近邊族，或其餘風所致，非通俗也。至於西藏方面之一妻多夫，既爲社會學家所稱，西部羌戎間之婦人侍客，每爲旅行者所記錄，是在今日，猶存其俗者也。惟此種一妻多夫制，與中國最古之所經過者，稍有不同。中國最古之一妻多夫，係羣婚之變，乃母系社會之事；後世邊族之一妻多夫，則呈現於父系社會中，所以致此者，不外女少男多，莫由得妻，或婚娶費財，艱於別娶而已。

（註一）莫爾干等謂由亂婚制進而爲血族羣婚制，再進而爲亞血族羣婚制，而混合婚制，而一時的配偶制，而一夫多妻制等；味斯忒馬克等謂羣婚非原始之婚姻狀態，乃多夫制等之變；則參照葉譯婚姻進化史第一七三頁第一八七—一八九頁，李達現代社會學第六〇—六五頁，郭沫若中國古代社會研究第三頁及岑譯婚姻第五八—五九頁。

（註二）參照陳顧遠中國古代婚姻史第五五頁。

（註三）參照嚴復譯甄克思社會通銓第一〇頁。

（註四）見呂誠之中國婚姻制度小史第二—五頁。

（註五）語見禮記曲禮、雜記下及檀弓上。

（註六）儀禮喪服鄭注：『謂弟之妻爲婦者，卑遠之，故謂之婦；嫂者尊嚴之稱，……嫂猶叟也，叟、老人稱也。是謂序男女之別耳。』

（註七）禮記奔喪『無服而爲位者唯嫂叔』；又檀弓『子思之哭嫂也爲位。』

（註八）見舊唐書禮儀志。

（註九）參照李達現代社會學第六二—六三頁。

（註一〇）參照中國古代社會研究第三頁所引莫爾干之言。

（註一一）注『兄弟主人親戚也。』

（註一二）見原書第一〇、第四三、第一〇七、第一一二、第二六一—二六七各頁。

（註一三）參照尚書堯典、孟子萬章、楚辭天問、史記五帝本紀及劉向列女傳等書。

（註一四）見尚書堯典疏。

（註一五）詳羅振玉殷墟書契考釋，王國維觀堂集林，陶希聖婚姻與家族第一四—一七頁，及中國古代社會研究第二六七—二七〇頁。

（註一六）晉孟昶與弟顗各娶周氏從姊妹，見晉書列女傳；又崔愍與其從弟倓各娶盧氏姊妹，同日成婚，見合璧事類。

（註一七）參照現代社會學第六五頁。

(註一八)參照婚姻進化史第一九五—一九八頁，第二一七—二一八頁及二二九頁，陶著民法親屬第三〇—三一頁。

(註一九)參照趙作雄譯愛爾烏德社會學及現代社會問題第九九頁。

(註二〇)見毛詩召南小星章注。

(註二一)左成十一年『已不能庇其伉儷而亡之』；詩衛風氓序『喪其妃耦』；亦有單用妃字者，曲禮『天子之妃曰后……』；單用匹字者，爾雅『匹，合也』，故妃耦亦稱匹耦；單用耦字者，左桓六年『齊大非耦』。

(註二二)白虎通云，『妻者齊也，與夫齊體，自天子至於庶人，其義一也』。

(註二三)參照公羊僖五年，穀梁僖九年及孟子告子章句下。

(註二四)參照左隱五年注疏。

(註二五)見彤史拾遺記孝純皇太后劉氏條。

(註二六)見岑譯婚姻第五四頁。

(註二七)現行刑法第二三七條『有配偶而重爲婚姻，或同時與二人以上結婚者，處五年以下有期徒刑，其相婚者亦同。』

(註二八)見最高法院十七年七月解字第一〇九號解釋。

(註二九)參照宋刑統第十四卷所引周顯德五年七月七日勅條。

(註三〇)參照婚姻第五二—五四頁，社會學及現代社會問題第一一七—一二二頁，男女關係之進化第一三八頁，婚姻進化史第一五頁及中國婚姻法論第一八頁註九。

(註三一)劉師培曰：『上古婚禮未備，以女子為一國所共有，故民知母不知父，……其始也盛行一妻多夫制，及男權日倡，使女子終身事一夫，故一妻多夫之制革，而一夫多妻之制，仍屬盛行。』

(註三二)學者或稱在一妻多夫制中或一夫多妻制中，多納一妻或多納一夫，即變為羣婚制；此固事實所有，然其本意在否認羣婚為原始之制，愚未採此說。

(註三三)見史記五帝本紀，禮記檀弓鄭注及正義所引晉皇甫謐帝王世紀語。

(註三四)所列各例，見左傳莊二十八年，僖十七年、二十二年及二十三年，文六年，昭八年。

(註三五)見左哀十一年及論語『管氏有三歸』包注。

(註三六)見中國古代婚姻史第六一頁。

(註三七)漢書『王禁好酒色多取傍妻』；後漢書『依託人為下妻，欲去者聽之』；魏志『郭皇后姊子孟武，還鄉里求小妻，后止之。』

(註三八)以上各例，見晉書禮志。

(註三九)見世說新語賢媛篇及北齊書魏收傳。

(註四〇)參照北史后妃傳宣皇后楊氏條。

(註四一)見新五代史唐家人傳。

(註四二)見明史興宗孝康皇帝傳及后妃傳。

(註四三)參照前大理院統字第四二八號解釋及上字第一一六七號判例。

(註四四)見中國婦女生活史第三五頁及中國婚姻制度小史第三五頁。

(註四五)易歸妹，詩韓奕，皆僅言『娣』而不及『姪』，蓋其初別無所謂『姪』也；釋名謂姪，迭也，謂更迭進御也，初或泛指娣等之隨嫁者而言耳。

(註四六)語見金史后妃傳，並參照白虎通嫁娶篇云云。

(註四七)見公羊成十年何休注及秋槎雜誌。

(註四八)參照曲禮疏。

(註四九)參照儀禮士昏禮『雖無娣，媵先』注疏。

(註五〇)見新五代史前蜀世家及遼史金史后妃傳。

(註五一)見新元史元史后妃傳。

(註五二)參照說文『女子有罪者爲人妾』，曲禮『買妾不知其姓則卜之』及內則『奔則爲妾』。

(註五三)參照周禮天官冢宰注疏卷一。

(註五四)見孟子盡心章句下。

(註五五)參照左桓十年疏及漢書敍傳注。

(註五六)參照漢書外戚傳，貢禹傳，及西漢會要內職與出宮人兩則。

(註五七)參照後漢書后紀及印覲上安帝書並陳蕃疏。

(註五八)參照魏志卷五，宋書及南史后妃傳，晉書后妃傳及唐會要卷三第五七頁。

（註五九）參照宋書及南史后妃傳。

（註六〇）參照魏書北史隋書后妃傳及中國婦女生活史第八九頁。

（註六一）參照新唐書明史后妃傳，唐會要卷三出宮人，及王書奴中國倡伎史第七一頁。

（註六二）參照宋史后妃傳曲洧舊聞邵氏聞見錄，及遼金兩史后妃傳，元史后妃表。

（註六三）參照明史后妃傳及朱希祖再駁明成祖生母爲碽妃說答傅斯年一段。

（註六四）見漢書貢禹傳。

（註六五）參照東漢會要，後漢書仲長統傳，中國婦女生活史第六七—七〇頁。

（註六六）見顏氏家訓後娶篇。

（註六七）參照明律名例附例。

（註六八）見前大理院上字第九二二號，第一六九一號判例，及民國十七年六月二十七日最高法院復浙江高院函。

（註六九）見搜神記卷六，棠陰比事卷中及初學記卷一二。

（註七〇）參照張紳中國婚姻法綜論第二六頁及第三五頁。

（註七一）參照楊鴻烈中國法律發達史第七四一頁及中國婦女生活史第三〇四—三〇五頁。

（註七二）見中國婦女生活史第三〇四頁所引。

第三章　婚姻方法

原始人類之血族婚，無嫁娶事實，有若「槃瓠六男六女，自相夫婦，其後滋蔓，號曰蠻夷」之傳說是；（註一）倘必求其婚姻方法所在，不外依自然法則或群行關係交相配合而已。殆族系擴大，社會進展，一方面發生族內婚之外婚，一方面因武力是尚而通婚於異族；斯嫁娶事實之首爲發現，而婚姻方法乃可得而言矣。故婚姻方法云云，實即嫁娶方法之意耳。嫁娶之事實隨時代而有變遷，依環境而呈異態，於是其方法亦難限於一種。中國數千年來，雖以聘娶之方法爲原則，禮法所維持所保障者即此，然發生於其先者，尚有種種，後世且或有此種種方法之反顧，是曰早期型之嫁娶方法。與聘娶之方法同時存在，或較後成立者，亦有種種。而數種方法結爲一起者更時有之，是曰後期型之嫁娶方法。其與一般之嫁娶方法全異者，以及或爲奇俗陋習非可作爲準則者，愚並擬附及之，是曰特殊型之嫁娶方法。依此爲論，似可備其要也。

一　早期型之嫁娶方法

早期型之嫁娶方法，以掠奪婚開其端，（註二）以有償婚繼其後。蓋行使掠奪，不免時含危險，即一次成功後，仍有被報復或奪回之危險，究非唯一而和平的得妻之道；於是爲補救此種缺陷，遂以種種有償方法，將各別之部落成爲和平之聯姻。在此種有償婚中，其得妻也，或以己方女子爲換，或以男子勞役是償，或以貨物金錢作價，又各有其方法。中國，次於掠奪婚而於有償婚方面證據最顯者，爲依購買方法之買賣婚是。他如依互換方法之交換婚，依服役方法之服役婚，其證據雖不如掠奪婚買賣婚之昭著，然視其爲早期型之嫁娶方法，則一，蓋亦有可供吾人推測之點在也。（註三）此各種方法不惟在古代依之爲用，即在後世之事實上，又往往有其回顧或可比擬者。至於邊族開化較遲，其初俗之直接用此各種方法者，更無論矣。

（甲）掠奪婚之始末　掠奪婚者，男子以掠奪方法取女子爲妻妾，而未得該女子及其親屬同意之謂也。此爲嫁娶事實中首先所用之方法，然其變也，除與聘娶方法混合之「搶親，」另自成一形式之『選婚』不計外，有以『師』爲婚者，有以『奪』爲婚者，有以『劫』爲婚者，又有以『竊』爲婚者。

先就最初之掠婚而言：最初之掠奪婚，存其遺迹於後世婚禮中，泰西學者類多如是主張，（註四）於中國亦可證也。說文云，『禮，娶婦以昏時，故曰婚，』而娶婦必以昏者，當係古代劫略婦女，必備婦家不備，而以昏時爲便，後世沿用其法，遂以昏禮爲名，劉師培已早有其說也。（註五）愚又按禮記曾子問，『孔子曰：「嫁女之家三夜不息燭，思相離也；娶婦之家三日不舉樂，思嗣親也」』云云，其來源或亦不無與掠奪婚有關。蓋女家三夜不息燭，則因族內女子被奪而思其相離；男家三夜不舉樂，則恐女族來犯而隱密之故耳。禮所謂『婚禮不賀，』其原意或亦出之於此。（註六）除於婚禮方面得見掠奪婚之遺迹外，易屯卦、賁卦及睽卦中屢見

『匪寇婚媾』

之語，則以寇婚同稱，當爲掠奪婚之表示也無疑，故梁啓超曰：『夫寇與婚媾，截然二事，何至相混？得無古代婚媾所取之手段與寇無大異耶？』（註七）殷之世雖大部分處於母系社會中，母妣不來自

異族，然與父系社會旣存有交替期間，如前所述，由異族掠奪女子而獨占之，則亦有其事也。（註八）他如晉語引史蘇之言曰：『昔夏桀伐有施，有施人以妹喜女焉，……殷辛伐有蘇，有蘇人以妲己女焉；』此種傳說，仍與掠奪婚不無相關。不過後世，鑒於掠奪婚非安定而和平的結婚方法，並其事實之經過亦歸否認，僅對所謂淫亂之主若桀若紂方面而偶存之，遂致吾人莫能詳考耳。觀於金在其昭祖之時，尙以掠奪爲婚，及入中國後，習於禮儀，遂於世宗時詔禁渤海此俗，犯者竟以姦論，卽可知矣。（註九）然如金昭祖及石魯與蜀束水人爭劫美女罷敵悔，與夫元入主中國前，其烈祖劫蔑兒乞部人之婦爲妻，蔑兒乞部人後又劫太祖之婦相報。（註一〇）則在一社會之早期，恆經過掠奪婚之階段，實無疑義，正可爲中國最初之有掠奪婚之一旁證也。

次就後世之師婚而言：後世於戰爭中得其妻妾，雖非以掠婚爲俗，而專就其方法言，固與掠婚非二致也。不過以師而婚，究爲賢者所恥，討罪納女，反足構成大罰，遂被認爲係行狄道，不以禮法是許。（註一一）當周之世雖奠定聘娶婚之基，猶有周幽王伐有褒而娶褒姒，晉獻公伐驪戎而娶驪姬等事。（註一二）其後，若曹操之破鄴，文帝取袁熙妻而去，操曰『今年破賊正爲奴；』後唐明宗爲騎將時，掠平山，得王氏婦母子以歸，卽宣憲皇后魏氏是，亦師婚也。(註一三)元、太祖時，敗乃蠻亦難察汗，獲其妻而納之；降蔑兒乞部長，受其女而和之；更其著例。卽在明清兩世，明憲宗於征蠻勝利中，俘紀氏入掖庭而生孝宗；清高宗定回疆，納某酋長妻香妃於宮，寵冠一時；又其續也。(註一四)至於由漢迄唐之和親關係中，異族不惜以戰爭手段而求室於中原者，例更夥焉。

再就勢家之奪婚而言：此係以一種統治上之勢力，嚇取他人之妻妾，除直接利用戰爭或暴力一點外，與掠奪婚之正型無何異也。春秋時，郤犨聘於魯，求婦於聲伯，聲伯奪施氏婦以與之，與夫爲子娶妻而自取之，若衞宣楚平之類，皆係其例。(註一五)自漢以後，若孫皓之奪馮純妻入宮，拜爲左夫人；唐玄宗之奪壽王妃楊氏入宮，爲壽王更娶韋昭訓女；金海陵之以族滅爲恐，而使貴哥殺其夫，納於宮中，以『別有所行』爲諭，而使祕書監文出獻其妻石哥於掖庭：是皆反常之行爲，於禮法上不認爲正當也。(註一六)不過在早期掠婚成俗之際，此種奪婚或兼行之，如新元史載，太祖滅四部塔塔兒，先得也速干皇后，因言其姊尤美，新嫁不知落何地，遂搜索而得之，後並斬其故夫云云，不難證明兵力之盛往往鞏固勢力之基，在古代或亦並用爲得妻之手段也歟！

更就民間之劫婚而言：此或因徒貧他人妻女之色而然，或因門第之隔不易得妻逼而如此。若春秋時，鄭游販於歸晉途中，遭逆妻者而奪之，以館于邑；南北朝時，高乾求崔氏女不得，其弟昂與往劫之，置女村外，謂兄曰「何不行禮？」於是野合而歸；五代時，劉智遠爲軍卒，牧馬晉陽，劫李氏之女以爲室；均係其事。（註一七）此種民間之劫婚，不特爲禮教所排斥，抑且爲國法所不容，縱專制時代之帝王如何以師爲婚，入主中國之異族如何以奪得妻，對於民間劫婚之舉，均否定其發生婚姻上之效果。即以元言，依元史刑法志載：「諸收捕叛亂軍人掠取生口……實爲賊黨妻屬者，給公據付之；無公據者，以掠良民之罪罪之，」可知其然。清律例對於此事之制裁，尤爲嚴格。如謂強奪良家婦女自爲妻妾，或賣與他人爲妻妾，或投獻勢豪之家，或配與子孫弟姪家人者，均絞候，爲從流三千里，即其一端。其所視爲強奪者，即豪勢之人逞凶肆橫，將良家妻女不由聘娶，公然用強搶奪在家，姦占爲妻妾，或配於他人之謂耳。（註一八）

並就有關之竊婚而言：竊婚係以一種方略而竊取他人之妻女；其在最初，當係掠奪婚之另一溫和而省力之手段。依金史世宗紀，謂渤海舊俗，男女婚娶必先「攘」「竊」以奔，遂詔禁之，或可間接證明中國在掠奪婚時代，亦係掠與竊之並用也。又依隋書北狄傳，謂契丹婚嫁之法，二家相許，壻輒盜婦將去，然後送牛馬爲聘；則在買賣婚或聘娶婚中，而必以竊爲一種形式者，或其先曾有竊婚之經過，始致如此。又依新唐書西域傳，謂吐谷渾婚禮富家納厚聘，貧者竊女去；（註一九）則貧而無財物者，不能行購買或納聘財之方法，或即仍守竊婚故俗以救濟之。凡此，皆出自邊族舊俗，中國古代是否如此，尚無直接證據也。即在後世，以竊得妻之正例，似亦甚罕。雖禮記坊記有「陽侯猶殺繆侯而竊其夫人」之語，南史后妃傳載宋帝密取殷淑儀於後宮，左右宣泄者多死之事，或則強奪而以竊名之，或則意近乎竊而已！唐律賊盜篇云，「略人爲妻妾者，徒三年；」疏義謂「略人者，謂設方略而取之，」亦僅與竊相近耳。宋、元、明、清各律皆承唐舊，對略人爲妻妾者有罰，則意近於竊之婚配，仍爲法之所不許也。

（乙）買賣婚之前後　買賣婚者，視女子如貨品，而以其他財物換取其爲妻妾之謂也。此爲繼掠奪婚而興之一最主要的方法，聘娶婚即係由其演變而來者；故後世之聘娶婚往往易趨於論財之道，稱曰財婚，或「賣婚，」在實質上又不啻一聘娶化之買賣婚耳。除此種情形不計外，後世嫁娶一以買賣爲方法者，尙有禮所承認之買妾，法所特許之價賣，與夫律所禁止之略賣、和賣，及折算妻妾償債等事。

先就初期所行之買賣婚而言：買賣婚之實質，首必視女子爲貨物，次必有物品以購買，中國在聘娶婚以前，曾經過買賣婚時代，從此兩點卽可證也。按古以「妃」字稱男子之所配，而「妃」字卽取義於「帛匹」；以「帑」字稱妻子，而「帑」字乃「金幣所藏也」；（註二〇）其字義或用語之來源，當必與在早已視女子爲貨物有其相關。又，各家屢稱伏羲制嫁娶，以儷皮爲禮云云，伏羲雖不必卽有其人，若視爲畜牧部落之代語，則亦可通，（註二一）此時旣有畜產，用之以買婦，固可能也。故劉師培曰：

「儷皮之禮，卽買賣婦女之俗也。後世婚姻行納采、納吉、問名、納徵、請期、親迎六禮；納采、納吉皆奠鴈，而納徵則用玄纁束帛，所以沿買賣婦女之俗也。」（劉著中國歷史教科書）

則在後世婚禮方面，又有其遺迹矣。說者或以儷皮委禽爲示敬意，然僅以敬意解爲古代婚姻之成立方法，其理由究覺較遜。（註二二）而士昏禮所載之六禮，其五用鴈，或表敬意，納徵獨不用鴈，而用玄纔，天子加以穀圭，殊不能謂與昔日之買賣婚無關。蓋徵之爲言「成也」，納徵卽不啻在買賣中，過交財物以示其成，故春秋傳直稱納徵爲納幣，而曲禮又有「非受幣不交不親」等語，在在皆足證明婚禮中有買賣婚之象徵。至於「女子許嫁，纓」，「主人入，親脫婦之纓」，以纓明其所繫，又必於成婚後，由壻親脫之，更與買賣行爲中之標識爲近似耳。(註二三)

次就買妾略賣之買賣婚而言：買賣婚之行於初期也，並無所謂妻妾之分，殆至周代，始分爲聘則爲妻，奔或媵或買者爲妾；娶妻雖演變而入於聘娶婚之形式，僅留有買賣婚之痕迹，而妾則仍公然買賣之。故禮記屢言「買妾不知其姓則卜之」，子碩更欲粥其庶母以葬己母：皆以妾賤，同之於衆物可以隨時買進並賣出也。(註二四)漢興以後，廢奴婢之市，立賣人之法，(註二五)妾之買賣似非所許，而「娶妾仍立婚契」，更見於唐之戶令，其娶妾重視聘之方法，或與於漢，而續於唐，亦未可知。然在禮法上雖已不許買賣爲婚，而事實上不特賣妾之事恆有，且往往略賣人爲妻妾，是妻又可以買賣矣。惟歷代法律對此皆爲嚴禁：例如北魏律「賣周親及妾與子婦者流」；唐律，「略賣人……爲妻妾者徒三年」；宋、元、明、清各律大致相同，並依清律之例所示，強奪良人之女賣與他人爲妻妾者，

更重其刑，而以絞監候處之，至於知情而買者，亦各受相當之罰。（註二六）

再就買休賣休之買賣婚而言：在唐律中，雖有『和娶人妻及嫁之者，各徒二年，妾減二等，各離之，即夫自嫁者亦同，仍兩離之』云云，但未即言爲買賣也。買休賣休乃指本夫直將其妻賣與買休人，係元、明、清律中特別禁止之事，亦可想見此種買賣婚之盛於元以後矣。元對於和姦同謀，以財買休卻娶爲妻者，各杖九十七，姦婦歸其夫。明、清對於用財買休賣休和娶人妻者，本夫本婦及買休人各杖一百，婦人離異歸宗；妾減一等。各律皆歸其事於姦非或犯姦中，蓋即淸律輯註所謂『賣休者自棄其妻，既失夫婦之倫；買休者謀娶人妻，亦失婚姻之正，有類故不入婚姻律而載於此』，則其取締之嚴可知。此外，明、清律錢債篇中，對於債權人以借款之額數折算，換取債務人之妻妾子女者，杖一百，強奪者加一等；因而姦占婦女者絞；人口給親，私債免追。斯雖非買，而以婦女視同財貨則同，因而姦占，處以絞刑，固當然也。

更就依律價賣之買賣婚而言：歷代雖不以各種賣婚爲然，但元、明、清對於婦人犯姦或有特定事故者，則又特許其夫價賣之，於是他之人等即可公然備價買入其爲妻妾焉。依元史刑法志云，凡婦人姦私再犯者，男婦虛執翁姦未成已加翁拷掠而猶虛招者，男婦與姦夫謀誣翁欺姦買休出離者，妻故殺妾子者，以及妻蠱魅其夫而會大赦者，皆從其夫價賣。明、清律和姦刁姦，男女同罪，姦生男女責付姦夫收養，姦婦從夫價賣；買休人與婦人用計逼勒本夫休棄，本夫不坐，婦人以後從夫價賣等等皆然。（註一七）最後一端，更係因不正之賣婚，被罰爲依法之價賣矣。

（丙）交換婚之觀察　交換婚者，雙方父母各以其女交換爲子婦，或男子各以其姊妹或女戚屬交換爲妻之謂；說者並有謂其起源乃直接由掠奪婚而逐漸發展者云。（註二八）然在中國早期中，有無交換婚之發現，尙難確言，惟於各種稱謂中，可假定有其遺迹而已！至於後世之兩姓世婚，縱非直接爲交換婚之續，而在嫁娶方法上究相差無幾焉。

先就初期交換婚之遺迹而言：經籍中每以「婚媾」兩字連用，（註二九）說文云，媾、重婚也；段注云，重婚者重疊交互爲婚也。則媾之爲言，似與交換婚不無關係。又爾雅釋親云「妻之父爲外舅，妻之母爲外姑；……婦稱夫之父曰舅，稱夫之母曰姑；」或其初亦因在交換婚中，己之姊妹因交換關係，而入於妻之母家，稱其夫之父母爲舅爲姑，於己遂有外舅外姑之稱矣。

次就後世交換婚之類例而言：西周姬、姜兩姓世爲婚姻，說者謂卽起於交換婚。（註三〇）但如左昭二十八年載，「晉祁勝與鄔臧通室，」則又各以妻爲交換也。降至劉宋，孝武帝之姑嫁王偃，有子藻，女憲源；孝武帝娶憲源爲后，藻又尙孝武帝之姊妹行臨川長公主，（註三一）又一世婚焉。且在當時以迄於唐，因門閥之隔，高門大姓爲世婚姻者，更習見也。遼、金、元三朝，世婚之例更著：遼公主下嫁蕭姓，外戚蕭姓十居八九。金、娶后尙主，世爲婚姻者，皆徒單、唐括、蒲察、拏懶、僕散、紇石烈、烏林荅、烏古論諸部部長之家。元、以弘吉剌氏特薛禪父子從戰有功，有旨生女爲后，生男尙主，世世不絕，故非此族也不居嫡選，非勳臣世族及封國之君，則莫得尙主。（註三二）直至現代，若如皐等地，稱甲娶乙之姊或妹，乙又娶甲之姊或妹，曰交門親，或換親，在單純之形式上，亦與交換婚相類似也。

（丁）服役婚之推測　服役婚者，男子於未結婚前或婚後，須服勞役於妻家若干時日之謂，蓋以勞役而代娶妻之交換品或貨物也。中國古時有無採用此種方法，固在疑考之中，但邊族之有此經過，依史書而可知也。

先就服役婚之遺迹問題而言：此無確證，或可斷定中國古代無服役婚之經過。然在昔旣有母系社會說者又謂有男子出嫁之事則入贅妻家以供勞役而爲取妻之代價，在代價婚階段中或未必無此例也。後世之贅婚頗與此近，其制果係起源甚早，一方面固與母系社會之遺迹有關，一方面或亦與服役婚之經過，有其連繫耳。

次就服役婚之旁證問題而言：依後漢書烏桓傳載，烏桓嫁娶，則先略女通情，或半歲百日，然後送牛馬羊畜以爲聘幣；壻隨妻還家，爲妻家僕役，一二年間乃厚遣送女居處財物一皆爲辦：此係與自戀買賣各種方法而併用者。依新唐書北狄傳載，室韋嫁娶，則男先傭女家，三歲而後分以產，與妻共載，鼓舞而還：此係服役方法於婚前用之者。依宇文懋昭大金國志載，金人舊俗，壻與女家相互以『馬』及『衣』致敬，壻皆親迎；既成婚，留於婦家執僕隸役，雖行酒進食，皆躬親之，三年然後以婦歸：此係服役方法於婚後用之者。凡此，皆與現代各幼稚民族之情形相合，用以旁證中國古昔皆亦經過服役婚之階段，或非空言。惟直接證據尚未能得，斯亦不過推想之言而已！

二　後期型之嫁娶方法

周興以後，既於禮制上奠定聘娶婚之基礎，漢、唐以來，復於法制上保障聘娶婚之程序，故後期型之嫁娶方法，實以聘娶爲主。雖男家須以一定之禮物或金錢交付女家，女家受其聘，婚約始行成立，隱然含有買賣婚之遺迹。然其始也，既分爲聘而爲妻，買而爲妾兩途，而美其名曰聘，並加以種種唯智的解釋其績也，遇有不經聘娶方法而賣婚者，法律亦大都予以禁止，即不得謂「在保守的中國，至今仍通行買賣婚」也。（註三三）雖有時於聘娶婚中雜入掠奪或買賣之行爲，此不過兩種方法之結合，仍以聘娶方法爲其外殼，亦不得謂其即爲掠奪婚或買賣婚也。蓋雖非聘娶婚之正則，終不失爲聘娶婚之變態也。在聘娶婚極盛時代，婚姻非以男女之愛情爲基礎，故婚姻雙方當時人之意志不顯；時在今日，漸改舊觀，於是取聘娶婚而代之者又爲志願婚，惟於有意無意之間沿用聘娶婚之要點依然不少。

（甲）純正的聘娶婚之確定　聘娶婚者，男子以聘之程序而娶，女子因聘之方式而嫁之謂也。所謂聘者，其主要事件，第一須有媒妁之言，故有以媒妁婚名之者；第二須有父母之命，故有以贈與婚擬之者；第三須有聘約，故又有以相約婚稱之者。（註三四）往時學者或謂「太昊伏羲氏正姓氏，通媒妁，以重萬民之麗。麗皮薦之，以嚴其禮，示合姓之難，拼人情之不瀆。』（註三五）其實乃附託之言，不足爲信，蓋聘娶婚乃由媒妁致幣帛通問，以合二姓之好，而別於純粹之買賣方法，所謂『聘則爲妻』是也。斯興於周代，殊不可否認者也。再分及之：

一曰，聘娶婚之意義：禮記曲禮云『男女非有行媒，不相知名；非受幣不交不親，故日月以告君，齋戒以告鬼神，爲酒食以召鄉黨僚友，以厚其別也。』卽係以媒妁往來傳婚姻之言，納幣而爲婚約之形成，告鬼神藉示婚姻爲兩族之事，則父母之命自亦在其中矣。詩齊風南山篇云：

『蓺麻如之何？衡從其畝。取妻如之何？必告父母。……析薪如之何？匪斧不克。取妻如之何？匪媒不得。』

斯更特別重視父母之命與妁媒之言也。苟反此種形式，卽非其宜，故曰：『丈夫生而願爲之有室，女子生而願爲之有家，父母之心，人皆有之；不待父母之命，媒妁之言，鑽穴隙相窺，踰牆相從，則父母國人皆賤之』矣。（註三六）於是降至後世，一皆以『古之婚者，皆采德義之門，妙簡貞閑之女，先之以媒聘，繼之以禮物，集僚友以重其別，親御輪以崇其敬，』（註三七）爲嫁娶所用方法之正鵠焉。

一曰，聘娶婚之性質：聘娶婚雖以買賣婚爲其淵源，且留有買賣婚之痕迹甚強，然既以「聘」與「買」分，並依「禮」而成之，卽不得再以買賣關係，解釋聘娶婚之性質也。陶希聖謂此係宗法制度下之兩族或兩家的契約。蓋以「契約觀念未能充分發達之古代，約成生效，必自當事人一造有所履行之時。當事人一造有所履行，則相對人卽負履行反對給付之責。當事人一造委禽焉，則相對人卽負給付其女子之責矣。買賣固爲契約，契約不限於買賣；斯婚約亦不得卽認爲買賣。納徵所以證婚約之成立而已，玄纁束帛非身價也。」(註三八)其說甚當。玄纁束帛之納，誠出自買賣婚之遺迹，但在後世禮法上終否認其爲身價的解釋，卽所以與買賣婚爲別也。觀於唐、宋、明、清各律對於婚姻之請求，以曾否設定婚書或授受聘財是斷，而所謂聘財者並不拘多少，卽受絹帛一尺以上亦然，可知其更遠於買賣形式，而爲純正的婚約關係矣。故純正的聘娶婚所異於現代志願婚者，不過屬於兩族或兩家之契約，非盡以男女兩方之意志爲主已耳。

（乙）混合的聘娶婚之種類　按諸社會公例，每一時代不必限於一種嫁娶方法，且並有兩種方法依附而互見者。中國自亦同然。(註三九)數千年來，雖以聘娶方法爲禮法上唯一之準則，然早期型之各種嫁娶方法，除獨自時隱時現外，混合於聘娶婚內者依然不少。中國果如經過交換婚之時代，則後世之世婚即係聘娶婚與其混合者。中國果如早有服役婚之出現，而贅婚又起源非晚，則此贅婚仍不失為兩種方法之混合者。惟世婚已述於前，贅婚究在婚姻主體方面反嫁娶之位而行，均不於此為論。茲所言者，乃聘娶婚與掠奪婚結合之強聘、強娶與買賣婚結合之財婚而已。其中不無為習俗所視為當然者，尤以財婚之潛力為最鞏固，然在禮法上均遭擯斥也。

一曰、強聘：此指依其威勢，強納聘物或訂婚者而言，蓋以強力用之於『聘』事耳。左宣五年載：

『春、公如齊，高固使齊侯止公，請叔姬焉，』此為春秋時強聘一例。然猶莫如

『鄭徐吾犯之妹美，公孫楚聘之矣，公孫黑又使強委禽焉。』（左昭元年）

為例更明顯也。其後，如漢末，孫堅以輕狡強聘吳景之妹；元世，陳良以邵武豪家強納采求聘客女李智貞；均有史書可證。（註四〇）然而『婚媾之結，義無逼迫，』（註四一）自非正也。唐律中並規諸違律為婚，雖有媒聘，而恐喝娶者加本罪一等，強娶者又加一等云云，雖專對依律不許為婚而故為之者言，第關於恐喝娶之一部分，亦非法之所許也可推知之。

一曰、強娶：此指不遵期日或議財不諧，強向女家迎娶者而言，蓋聘娶婚化之掠奪婚耳。唐律戶婚對此已設禁止之條曰：「卽應爲婚，雖已納聘，期要未至而強娶；及期要至，而女家故違者，各杖一百。」明、清律改杖一百爲笞五十；並曰『凡女家悔盟另許，男家不告官司強搶者，照強娶律減二等。』是在女家悔約之情形中，亦不許強娶焉。至於因議不諧而強娶者，清趙翼陔餘叢考曾云：

「村俗有以婚姻議財不諧，而糾衆劫女成婚者，謂之搶親。……然今俗劫婚，皆已經許字者，（北齊高）昂所劫，則未字固不同也。」

故劫婚而行之於本已許字之女，屬於強娶；若高昂之例，則又純然掠奪婚之續也。搶親爲俗，在紹興蕭山等地猶見之，惟須新郎自搶其婦，女家亦可中途奪回，並作爲解約之理由也。（註四二）

一曰、財婚：此指婚姻論財，使買賣婚之精神發現於聘娶婚之體殼中而言，蓋或則假名聘禮，以行賣女之實，或則爭議財物，以備遣嫁之資，故貪財與奢俗，實爲在聘娶婚中而發生賣女買婦之主因。漢世嫁娶埋葬過制，奢侈成俗，財婚之勢已起，則其於嫁娶之先，必有論財貨之多少者。觀於潛夫論斷訟篇所稱「一女許數家，」則知漢時嫁女貪財之弊已甚深矣。晉葛洪與其姑子劉士由論爭婚曰，「……雖責裨媵倍資者所憚也，豈於財者，則適其願矣。……儻令女有國色，傾城絕倫，而位豪右權臣之徒，目玩冶容，心忘禮度，資累千金，情無所吝，十倍還媵，猶所不憚，況但一乎？」（註四三）不僅女家貪財而數許，卽男家亦有加價而奪之事，故葛洪直以買物於市喻之。魏、晉以後，婚禮奢靡既未能除，而門第之隔又成事實。於是高門婚姻既相互以財是尙，卑族亦利己之富有，而得與高門攀婚，但士大夫階級則以氏族關係，認後者爲非類婚偶也。南齊永明中，琅玡王源以高門而嫁女於富陽滿氏，竟受聘財五萬，又以其所聘餘直納妾；故沈約彈之，遂認爲宜寘以明科，黜之流伍云。（註四四）其在北朝，北魏各帝對於財婚屢發禁詔，然頹風已成，終莫能除。

「凡婚，無不以財幣爲事，爭多競少，恬不爲怪也。」（二十二史劄記財婚）

此所以北齊時，封述爲兩子娶婦而皆以財禮問題發生爭執焉。（註四五）顧達者對此，究不認爲當然。顏之推以「賣女納財，買婦輸絹，比量父祖，計較錙銖，責多還少，市井無異」云云，戒其子孫可知之也。（註四六）而隋王通於文中子中亦謂「婚姻而論財，夷虜之道也，」其痛恨財婚也深矣！、唐財婚爲俗仍未盡革，而「賣婚」一名且見於唐初；新唐書高儉傳所謂「初，太宗嘗以山東士人，尙閥閱，後雖衰，子孫猶負世望，嫁娶必取多貲，故人謂之賣婚」是也。故太宗貞觀十六年六月遂禁賣婚，蓋以自號膏粱之胄，不敦匹敵之儀，問世惟在於竊貲，結褵必歸於富室；而新官之輩，豐財之家，慕其祖宗，競結婚媾，多納貨賄，有如販鬻焉。(註四七)高宗顯慶四年十月並嚴定品官嫁女受財之限，所受之財皆充所嫁女資裝等用，而夫家亦不得受陪門之財云。宋、財婚且嘗見於帝系間，士庶可知。或則貪女家之富而欲與之締婚，仁宗謀立富人陳氏女爲后，其例也；或則貪夫家之貨而竟妻之以女，宗室以女賣婚民間，其例也。(註四八)當仁宗時，曾禁以財冒充士族，娶宗室女者，然「宗女當嫁，皆富家大姓以貨取，不復事銓擇，」如故也。因之，神宗於熙寧十年又詔嫁女則令其壻召保，其妄冒成婚者，以違制論。(註四九)降而至元，依元史刑法志載，「諸男女婚姻，媒氏違例多索聘財及多取媒利者，諭衆決遣，」則婚姻論財之事，法所禁也。明、洪武五年曾下婚姻毋論財之詔，謂「古之婚禮結兩姓之歡，以重人倫，近世以來，專論聘財，習染奢侈，其議制頒行，務從節儉，以厚風俗。」然在明末清初，依朱柏廬治家格言，「嫁女擇佳壻，毋索重聘，娶婦求淑女，勿計厚奩；」則索重聘，計厚奩，必仍成風，故以之爲訓。近三百年來，各地習俗不同，其爲供嫁資而索重聘之事，實所恆見，于今猶然。顧達者遵禮，鄙計聘財多寡者亦甚普遍也。

（丙）繼興的志願婚之源流　志願婚或稱共諾婚，係以男女雙方之意志爲主，而盛行於個體時代之婚姻，換言之，婚姻並非以合二姓之好爲目的，乃以男女愛情之結合爲目的也。然此究與所謂戀愛婚或自由婚有別。戀愛之火燄雖在古昔一度高張，邊族民俗亦多傾向此端，但數千年來一以聘娶爲正，此多目爲淫邪。今日，聘娶婚之勢固衰，父母之命與媒妁之言均成過去，而新時代之男女必先晤談，以通情感，並各投函以明志願；然既仍須有介紹人之形式，且尚須取得家長之同意即非純然之戀愛婚也。同時，法律上又有關於婚姻成立及如何生效等條件之規定，亦非因純愛之基礎，遂可自由婚配，不特中國如此，世界各國莫不同然，更不得以自由婚稱之也。現代中國傾向於志願婚，事實昭然，無容多陳，惟在聘娶婚時代，此種志願是否完全隱沒，抑尚有流露之處。事關志願婚之線索，在史的敍述上，不可不一明也。

一曰、男女情感之承認與否認：依現代之觀察，浪漫的戀愛爲弊誠深，而婚姻必基於男女之情感亦極當然。古代，雖以恆舞酣歌之巫風是戒，以桑林雲夢之聚觀爲亂，以東門宛丘之婆娑非正，以溱洧觀禊之相謔失禮，以桑間濮上之聚會近淫，（註五〇）但對於男女正當之用情，則亦承認之。易咸卦示夫婦之義，咸、感也，以悅爲主，蓋必男女共相感應，方成夫婦，旣相感應，乃得亨通，縱否認乎「邪道」之戀，究亦未否認二少之感也。詩經孔子删定，首列關雎，此亦非卽毛、鄭所謂后妃之德云云，乃君子自求良匹，而他人代寫其情感所至之誠耳。殆後，聘娶之形式逐次鞏固，男女婚嫁一以媒妁說合，父母承諾爲準則，於是兩性情感所能直接表現也罕矣。甚謂：

「前生緣分，今世婚姻，」（唐宋若華女論語事夫章）

將一切歸之於命定，卽女子亦自道之。迄於宋世，有胡某者竟請删關雎之什，卽可知其限制之甚也！雖關於男慕女悅，不無騷人墨客爲之吟咏，關於閨怨春愁，不無淑女逸士時爲發抒，然皆列爲小道，不以爲正，且或視爲名教之罪人也。不過在嫁娶關係中，因特殊原因承認男女意志之表示者固亦有之，斯僅其極少數之例外而已。

一曰、父母定婚之準則與例外：父母之命爲聘娶婚之一要素，斯於婚姻中，首使男女之意志受其限制也。卽詩鄭風以淫見稱，而將仲子章仍有「父母之言，亦可畏也」云云，則初成之禮教勢力，並隨時而矣。來然在例外方面，舜不告而娶，爲孟子所稱，蓋以舜僅於聘娶方法中因告則不得妻，有廢人之大倫，故認爲與『踰東家牆而摟其處子，則得妻，不摟則不得妻』(註五一)爲有別也。他如春秋時，徐吾犯使其妹，觀子晳子南而自擇之，乃因兩氏爭婚莫決而致如此，亦一例外也。西漢時，程不識問女以壻姜字可否，乃因父母意見兩歧而致如此，又一例外也。唐時，李林甫設寶窗於廳壁，選有貴族子弟入謁，使六女於窗中自選其可意者，此僅以貌自選其壻，仍一例外也。宋時，理宗選周震炎尙周漢國公主，主頗不懌，帝微知之，乃下嫁楊鎭，此不過出於父母單方之體貼，始得罷婚，依然一例外也。(註五二)至於男子方面之參加意見，或較女子之機會爲多。明律並規定凡卑幼或仕宦買賣在外，其尊長爲後定婚，而卑幼自取妻或已成婚者，仍舊爲婚，尊長所定之女聽其別嫁：是父母之言在此一情形中已非絕對須遵守之。淸季，西北各地亦有初娶從父母，繼娶依子姪之不成文法。時至今日，通都大邑已將數千年來所難普求之『取得男女同意』一點，一變而男女自主婚姻，僅取得家長之同意而已焉。

一曰。媒妁通婚之定例與變態：媒妁之言亦爲聘娶婚之一要素；斯又往往抹煞男女對於婚姻之意志也。卽詩衞風同與鄭風以淫見稱，而氓之章仍有「匪我愆期，子無良媒」云云，則初成之禮教勢力又接踵而至矣。然在特殊情形中，如晉韓壽之與賈充女，由婢潛通音問，卒成昏屬；北齊婁后少時，見神武而悅，使婢通意，且數致私財，命其聘己(註五三)以婢通意，不啻自媒，其或使以聘己，並由父母許婚，亦祇形式耳。此外，尙有以詩爲媒者，於唐代宮人中屢見之，蓋於無可奈何中，以詩抒情，傳於宮外，自求達運之臨而已！如戰中詩、紅葉詩之故事皆是，其幸運者，誠係「方知紅葉是良媒」，其不幸者，終爲「葉上題詩寄與誰」矣。(註五四)降至明世，詩人林子羽投詩張紅橋，往來酬和，締交百年，(註五五)亦係以詩爲媒，彼此性情賴而溝通，故稗史所記載，傳奇所擬託類此之事者，自非盡皆絕對虛構者也。至於現代男女在初期締交中，魚雁頻繁，各抒情懷，縱無詩以酬和，亦設辭而互答，更無論焉。

三　特殊型之嫁娶方法

在早期型後期型之各類嫁娶方法以外，尙有其他特殊之嫁娶方法非限一端。因媵而嫁，周有其制，合獨以居，齊行其策，此固不必言也。若夫秦、漢以後，帝王擇配每由選拔，皇子立室多出宮掖；其在民間，或存陋俗婦不另嫁而坐堂招夫，男不正娶而臨時租妻；與夫異族屢次侵入中國，禮法所絕對否認之收繼婚亦往往成習：又皆與通常嫁娶方法有所異焉。他如罪家所受之罰婚，貧家所行之養婚，以及反於入家婚姻之贅婚，雖與聘娶方法不無相關，且或完全依之而行，但就其全部之手段而論，依然具有其特殊性也。此外，不備婚姻當事人條件，僅依聘娶之方法，所為之虛合婚；不備形式上任何條件，即繼續共同生活，所為之姘度婚；依禮依法言之，更其奇特，不可為訓矣。至於以女為贈之贈與婚，原為早期型之嫁娶方法，而中國無其確證，其得見者，乃周以後之事，實莫離開聘娶婚之範圍。姊妹異時續嫁於一人之順緣婚，在後世僅視為事之偶然，而非制之必然，亦祇構成在他種嫁娶方法中，不屬於禁婚之範圍而已。不過因帝王之賜婚有近於贈與性質，收繼之為婚恆引起續嫁觀念：事以類及，早有成法，順以證逆，益顯眞義，故並於茲述焉。

（甲）選婚與罰婚　此屬於所謂強制婚之性質。蓋帝王婚配除強奪他人妻女或由倖臣獻進者外，雖在通常情形中，亦皆聘選兼用；其所謂選，或以良家女子載還後宮，或以罪家婦女配入掖庭，非自納之，即賜贈之，實近於強也。同時，對於有罪之人，往往將其妻女斷配他人，或限制罪族自相配偶，亦皆具有強制性也。分而述之。

關於選婚者：其一，搜括民女，以充後宮，西漢時已行之。(註五六)東漢並有定法，所謂八月筭人，遣中大夫與掖庭丞及相工，於洛陽鄉中閱視良家童女年十三以上二十以下，姿色端麗合相法者，載還後宮，擇視可否，乃用登御是也。故東漢由選例而爲后妃者甚多。晉、宋承之，其例亦夥。唐、宋娶后以聘爲正，但選良家女或世家女入宮之秕政，依舊通行，遼、金更同然也。(註五七)元初或否認此制，故太宗九年六月左翼諸部訛言括民女，太宗怒而眞括之，以賜部下。但至是則又肇元世選婚之端。世祖至元十九年，從耶律鑄言「有司官吏以采室女乘時害女，如令大郡歲取三人，小郡二人，擇其可者，厚賜其父母，否則遣還爲宜」，始確定其數目。翌年，復用崔彧言，罷各路選取室女。元之括取民女入宮，雖少以之爲后爲妃，然帝王私幸仍不可免。(註五八)明與唐、宋同，清則每三年於旗人中選取秀女，民國後，清室猶一度行之。其一，罪人妻女配入掖庭，北史高允傳已記其言；周宣朱后，從坐入宮，周書后妃傳不諱其事；他如唐之上官昭容，章敬皇后吳氏，均係其家坐事，配入掖庭而得幸者也。此與下逃罰婚頗同，惟非斷配他人，乃指其選而入宮者言耳。

關於罰婚者：其一，以罪人妻女斷配他人，事或起於漢也。西漢時，曾以關東羣盜妻子徙邊者，隨軍爲卒妻，李陵不知，以士氣少衰而鼓不起，疑軍中有女子，遂搜得而盡斬之，初蓋非定法也。魏、晉相承，死罪重者，妻子皆以補兵；梁制，其劫盜者，妻子補兵，始爲定例；補兵云者，配於兵士爲妻室之謂也。隋、唐以後，補兵之例固除，但仍以罪人家小沒爲奴婢，絕其婚配之正道，或編爲倡伎，斷其婚配之坦途，亦皆有近於罰，又歷代之所同焉。惟在元世，內外大臣得罪就刑者，其妻妾卽斷付他人，雖非補兵實皆強配，順帝至元六年始詔今後有罪者，毋籍其妻女以配人云(註五九)。其一，以罪家男女自相婚配，在唐、宋各律之良賤不婚中，賤民雖非盡爲犯罪所致，然罪家男女往往列爲賤民，則此限制，其一部分不啻爲懲罰犯罪之家而設也。他如元初平定各國，以俘入之男女配爲夫婦，所生子女永爲奴婢，謂之驅口；明初亦以叛宋投金之子孫及不附「靖難」者，編爲惰民、丐戶、樂戶等；淸入關以前，並以各部落被俘者編爲包衣：皆難與良人通婚，爲其處罰之一。

(乙)贈婚與賜婚　此屬於所謂贈與婚之性質。其中，由父母或有權力者之主觀的見解，以其所能支配之女子，贈與某人爲配，是曰贈婚，乃贈與婚之正型也。由帝王之名義而將選入內宮或略自異族或他之婦女，賜與子弟或臣下者，是曰賜婚，乃贈與婚之別型也。分而述之。

關於贈婚者：或則以他人之女爲贈，左僖二十五年，晉重耳居狄，狄人伐廧咎如，獲其二女，納諸重耳，重耳自取季隗，以叔隗轉贈趙衰，即其例也。自漢迄唐，與異族和親，每以宮人或宗室女加以公主封號，降於異族，亦具有以他人女爲贈與標的之形迹也。至於舊日所聞之以美色進權貴，以侍妾贈友僚，更不足道也。或則以己方之女爲贈，重耳離狄後，入齊，桓公妻之，至秦，秦伯納女五人，即其例也。學者並有謂孔子以其女妻公冶長，以其兄女妻南容，亦屬贈婚之性質。至於歷代以來之指腹爲婚，幼時訂婚，與夫因他種關係而聯姻之類，更不僅「以女贈人」且係以所支配之子女，相互作爲主婚人交誼上或恩德上之婚姻的贈與標的矣。

關於賜婚者：以選入宮掖而後賜與子弟者爲例甚多：漢呂后之賜竇姬與文帝，吳孫權之賜何姬與子和，唐代宗之賜莊憲與順宗，宋憲聖太后之賜謝后與孝宗，明英宗之賜孝貞與憲宗，皆是，史籍具在，不必盡舉。清選秀女，除備妃嬪之選外，亦恆配近支宗室；其以勅旨命其爲婚者，稱曰指婚，又與賜婚爲相近也。此外，魏滅蜀，以其宮人賜諸將之無妻者；元滅蔑乞兒，太祖以其部長子婦賜太宗，則又略而賜者之例。（註六〇）至於後唐莊宗被劉后所逼，而以其愛姬賜元行欽，其痛苦正與因賜而逼人以嫁之痛苦，有其同然，在帝王方面乃例之罕有者。事載新五代史唐家人傳，且亦趣極！

（丙）收繼與續嫁　收繼婚較逆緣婚之用語爲義較廣，續嫁則順緣婚也。中國邊境各族向通行收繼之俗，或且播其風於中國內地。（註六一）然在中國，因「夫婦有別」之原則早定，「嫂叔隔離」之觀念莫違，故兄亡收其寡嫂一類之收繼，雖爲人類婚姻史上一種必有形式，而禮法上究否認之。若夫父亡收其後母一類之收繼，則稱其爲烝爲報，並以聚麀爲喻，尤視爲大惡也。至於姊死而妹續嫁於其夫之順緣婚，並未有所否認，惟在一二特殊場合，亦有人不以爲然耳。分而述之。

關於收繼者：中國向雖否認收繼婚，但個人之特殊行爲中，或亦不免有類此之事；且因異族之屢次侵入，其收繼婚俗又往往隨政治勢力而俱來，後世內地之收繼婚俗遂亦偶見焉。春秋時代之烝，見於左傳者甚夥，實與父死而收其妾無異；大司馬以九伐之灋正邦國，內外患鳥獸行則滅之，其否認收繼事例殊爲顯然。（註六二）漢、乘丘嗣侯外人，美陽女子之假子，燕王定國，汝陰嗣侯頗等皆以收繼等罪名，或免、或磔、或賜死。(註六三)惟此僅限於在諸夏之統治下如此，若在夷疆，雖爲漢族女子，則因政治上之關係，漢代各主亦願屈從其俗。武帝之令烏孫和蕃公主聽爲其夫孫岑陬收繼，武帝之令匈奴和蕃公主王嬙聽爲其子輩收繼，蓋法既非力之所及，禮亦因俗而革矣。(註六四)晉、奸伯叔母者棄市，則收繼父妾，更所不許。五胡亂華，收繼婚俗或偕同而來，然當時胡人力求漢化，雖同輩行之收繼，或亦有禁止者；如晉書石勒載記云，「太興二年……下書禁國人不聽報嫂」是也。南北朝之際，以北齊收繼之事最著，文襄既依蠕蠕國法，將蠕蠕公主收繼外，而其弟文宣武成均有逼嫂爲淫之事；降而至隋，煬帝之納文帝宣華及容華兩夫人，又其著例也。惟史家對此，均以淫亂昏狂目之。唐、宋各律，同樣禁止，然安樂公主於武崇訓死後，復嫁其從弟延秀；帝后觀禮，賞賚甚遍，宮庭慶祝，羣臣歡聚，則又公然爲之矣。元入中國，不諱收繼，世祖女魯國大長公主兩被夫方子弟收繼爲婚，爲例最顯，其情形與唐、宋以前之純爲個人行動者迥不相同。(註六五)蒙古人色目人之得收繼無論矣，卽漢人南人雖依律禁止收繼，然漢人南人中之收繼亦隱然成習。(註六六)不過究因與中國文化接觸之關係，其初期雜亂無限之收繼，漸亦有一定之範圍，而所能收繼者，僅限於有條件地子收其庶母，弟收其嫂而已(註六七)且卽在蒙古人色目人中，仍不乏受中國禮教之薰陶，爲收繼婚之拒絕者：脫脫尼雍吉剌氏及中書平章闊闊歹之側室高麗氏皆以死自誓，不許嫡子收繼，而烏古孫良楨於英宗時並基於禮制上之理由請廢此制也。(註六八)因蒙古人等收繼婚俗之傳播，至明世仍存此風於各地，然在禮法方面更不爲許；宣宗宣德四年並詔，凡犯不孝及烝父妾收兄弟之妻爲妻，一切敗倫傷化者，悉送京師，如律鞫治，若武官及其子弟有犯此者，不許復職承襲，永爲定制云云(註六九)蓋可知矣。清雖有收繼舊俗，但入關既久，遂亦漢化而反對之。在『干分嫁娶』中，稱收父祖妾或叔伯母，不問被出改嫁，各斬決；兄亡收嫂或弟亡收弟婦，不問被出改嫁，各絞決，其取締之嚴可知。然在鄉俗，不同輩行之收繼固鮮，同輩行之收繼，迄今仍所不免。今日各地所謂叔接嫂、接續婚、轉房、升房、接面、上舍……等稱，卽係指其事而言者。(註七〇)

關於續嫁者：姊死而妹續嫁於其夫，在中國乃屬於聘娶婚中之一種續親，其目的不外永結兩姓之好，並因雙方深知一切而樂如此，乃偶然，非必然也。在帝王方面，如蜀漢後主張后薨，遂以其妹爲后；晉武元楊后辭世，其妹武悼楊后繼其位；元、高昌公主嫁而卒，夫家遂以其妹八卜叉公主爲繼室皆是。在仕庶方面，如北魏郭逸以長女妻崔浩，既而女亡，逸妻王氏奇浩才能，復以少女繼婚，重結姻好是也。（註七一）然在特殊情形中，或有不以為然者：如宋時，王陶續其已嫁而寡之長姨，致為忠宣所疎；明時，義烏人虞鳳娘以『兄弟未嘗同妻，郎姊妹可知』云云，拒絕續嫁於姊之夫徐明輝，又其異也。（註七二）

（丁）贅壻與養媳　贅壻為制屬於入夫婚姻，與通常聘娶之男迎女因，適反其道而行；養媳為制雖屬於入家婚姻，然待年於夫家，不備娶儀，亦與通常之聘娶婚有別也。分而述之。

關於贅壻者：秦策謂太公望齊之逐夫，史記謂淳于髡齊之贅壻，是贅壻之制或始於齊，其妻當係巫兒也。巫兒為家主祠，嫁者不利其家；惟不嫁云者，不外嫁而已矣。（註七三）故得招壻入家。但在秦國，自商君握政，『家富子壯則出分，家貧子壯則出贅，』藉以救濟貧而難娶者；所謂家貧無有聘財，以身為質是。（註七四）然始皇當位，則鄙視之，嘗謫發贅壻、賈人及囚徒等略取陸梁地；漢亦然，武帝發天下七科謫出朔方，贅壻卽在其中。於是唐人註史，遂謂贅壻云者，言其不當出在妻家，亦猶人身體之有疣贅，非所應有云。（註七五）此後至宋，或稱舍居壻，或稱入舍女壻，而鄂俗計利尙鬼，家貧子壯出贅，更視之爲當然。(註七六)元、明、清，因贅壻有無子召壻養老及立有一定年限之兩種情形，遂又有養老女壻及出舍壻之別，法律對其事例各有詳細規定。現代，俗或稱其爲進舍夫，或諱其爲雄媳婦；惟在民法上則稱曰贅夫，其地位頗與通常婚姻中妻之地位相同。

關於養媳者：古無童養媳之名，其近似之例則或有之。周行媵制，嫡之行也，以姪娣從，姪娣不必皆係成年，苟非待年於父母之邦者，即與童養媳之性質相似矣。秦、漢以後，帝王選拔幼女或幼小時罪入掖庭者，於成年後，或自幸，或賜子弟，在實質上亦先養而後御也。即至宋、明之世，此種養婚之例仍顯，如宋史后妃傳載，仁宗周貴妃生四歲，從其姑入宮，張貴妃育爲女，稍長，遂得侍仁宗；明史后妃傳載，宣宗孫皇后入宮方十餘歲，成祖命誠孝后育之，已而宣宗婚詔，選其爲嬪云云皆是。近代，民間之童養媳，其爲名最早當始於宋，因「息婦」稱謂至宋始有，以後始變爲「媳婦」故耳。(註七七)元、刑法志謂「諸以童養未成婚男婦，轉配其奴者，笞五十七，婦歸宗，不追聘財，」則在元時已成俗矣。童養媳之事實，在民間大都出於貧家，男方以減輕將來聘金爲旨，女方以免除扶養負擔是望而已！俗所謂媳婦仔或小媳婦，即係指童養媳而言；所謂童婚、併親、娶小媳婦、小過門、完房等等，則係指此種婚姻而言。惟現行法律予以否認，蓋養媳所受之虐待，實與婢女無異，而販賣人口者又每以童養爲名，詐騙女之父母者多矣！宜乎禁焉。

（戊）招夫與典妻　招夫係指入贅於寡婦之家而言，與贅婚中之招壻似同而實異；蓋贅婚乃女子招壻入家，即冠以女子之姓，招夫乃婦於夫死後或生前，再招一夫，並使後夫改從前夫之姓是也。典妻係指以價易去，約限贖回之謂，典之外又有雇，乃計日受值，期滿聽歸之謂；或稱租妻，亦典之類也。凡此皆與買賣不同，以非永離，乃暫時耳。故典雇妻妾，頗近於定期婚姻制，而爲臨時得妻之一方法也。分而述之。

關於招夫者：招夫爲俗，先例何起，學者或莫能決。今人陳東原謂宋時已有此風，並謂其淵源當本於漢之館陶公主。或其始也。館陶公主私近董偃十餘年，因長門園之獻，武帝臨幸，竟以主人翁呼偃，其事實頗近招夫之例。不過東方朔則認爲偃以人臣私侍公主，敗男女之化而亂婚姻之禮，傷王制，並爲淫首，有斬罪三；則招夫之事在當時亦非可認爲當然者矣。（註七八）他如鄂邑蓋長公主之與丁外人，昭帝既有詔外人侍主，上官安燕王旦亦以其故爲外人求侯，藉符漢家以列侯尚主之故事，又不失爲一先例也。(註七九)降而至唐，曾以『接腳夫人』之名，用稱繼室，(註八〇)則在招夫中，稱所招之夫爲接腳夫，或接腳壻，當由其轉變而來；此接腳夫云云，宋袁采世範中已提及，是招夫爲婚，宋時已然可知。明、王士晉宗規『夫亡無招贅，無招夫養夫，』則不僅夫死而再招夫，即夫在並有招夫者矣。清邱煒萲云，『戚里早寡者，或不安於室，始也求牡，終且鳩居，率以招夫養子衞言爲口實，』是爲招夫養子者也。除上述情形外，今日並有坐產招夫、招夫傳後、招夫養老等別。(註八一)斯皆奇俗，諸非嫁娶之正也。

關於典妻者：典雇妻妾之風，始於宋、元之際，觀於元世祖時，王朝對南方典雇妻女風俗之請牒云云，(註八二)可以知矣。不特王朝視此爲風薄俗敗，元亦有禁令曰：『諸以女子典雇於人及典雇人之子女者並禁止之，若已典雇願以婚嫁之禮爲妻妾者聽；諸受錢典雇妻妾者禁，其夫婦同雇而不相離者聽，』見元史刑法志。明、清律對此同設禁止之條，惟清律輯註云，『必立契受財，典雇與人爲妻妾者，方坐此律，今之貧民將妻女典雇與人服役者甚多，不在此限；』然禁之自禁，此一陋習雖降于今仍未見其盡絕。

（己）虛合與姘度　學者對於婚姻，或爲形式婚與事實婚之分；在法律現象上在社會現象上皆可如是觀察之。虛合係指婚姻當事人不備，僅以聘娶方法締結所謂婚姻，可謂爲形式婚之極端者；姘度係指未履行任何適法之程序，僅一事實上之繼續同居關係，可謂爲事實婚之極端者。分而述之。

關於虛合者：此以所謂「冥婚」爲著，蓋依婚禮假合已死之男女爲夫妻；或生前已有聘約，而於結婚前一方死亡，他方殉之，迎柩合葬，使其相從，皆此類也。依周禮媒氏云，「禁遷葬與嫁殤者，」是漢以前即有「嫁死人」之俗，惟爲禮所禁之。降至後世，事亦恆有，魏武痛鄧哀王沖之殤，爲聘甄氏亡女與合葬；唐世韋后嘗爲其弟洵與蕭至忠亡女冥婚，皆然。(註八三)宋時，北俗冥婚甚盛，康譽之昨夢錄詳記其儀；元時，子弟死而無妻者或求亡女骨合瘞之，元史列女傳已有其事；明時依明史列女傳載，楊瑄死而其未婚妻殉，劉伯春卒而其聘妻亦如之，後皆迎柩合葬，亦冥婚之類也。降而至清，其風仍盛，如在山右，凡男女納采後，若有夭殤，則行冥婚之禮；女死歸於壻塋，男死女改字者，另尋殤女結爲婚姻，諏吉合葬云。今日冀、魯、浙仍存此俗，所謂成陰親，或陰配者是也。(註八四)冥婚之外，有

『過門守貞，』乃女未被完婚而其夫死，遂入居夫家爲其未婚夫守貞之謂。其成俗也，當在宋儒『餓死事小失節事大』之說以後，雖以元室猶所重視，明、清貞節觀念更宗教化，於是女身守志之例益多。此在近世，凡過門時，仍須舉行一種儀式，所謂抱靈牌成親者是也。其中亦有於未婚夫病危時而卽過門者，往往由未婚夫之姊妹代行其婚禮，是又可稱曰代婚，俗則以沖喜名此過門之事云。（註八五）

關於姘度者：今以姘度稱事實婚，但說文引漢律云，『齊人與妻婢姦曰姘；』廣韻云，『齊與女交，罰金四兩曰姘；』皆與今義不合。今義之姘或與古之『野合』云云同。據清人桂馥之札樸謂野合之在昔，並非卽指過期或男女年齡差舛之婚姻而言，乃未成禮於女氏之廟而已。如是，則史記孔子世家所謂『野合，』或卽姘度之初語也歟?!其索隱亦謂『野合……謂不合禮儀，故論語云，「野哉由也！」又，「先進於禮樂，野人也！」皆言野者，是不合禮爾！』據此，在古昔或稱野合，今世始有姘度用語耳。古昔相近於今世姘度之事例，除標明野合同居者外，如春秋傳載，魯泉邱人女奔孟僖子，期以有子無相棄；鄖陽封人女奔楚平王，生太子建；既非姦而又不備禮，無異姘度也。（註八六）秦、漢以後，帝王取幸妃嬪多不依禮兼具姘度之性質者夥矣！其在士庶人方面，如漢時，卓文君夜奔司馬相如，馳歸成都；隋時，李靖遇紅拂妓夜奔逆旅，與之俱適太原皆是。然在一般情形中，數千年來既抱聘娶一元主義，不經儀式之姘度婚，在禮法上均以私通姦淫擬之。觀於歷代法令，或則對男女不以禮交者死；或則對和姦無夫之婦處徒刑一年半；或則對不依禮而同居者，概稱曰和同相誘或和同通姦，有其處罰，即可知之。今日，姘度僅視為非法律上之婚姻，仍視其為事實上之婚姻，故雖不受婚姻法之保障，而亦不對其事之本身有所處罰。(註八七)不過習俗對於姘之稱謂仍不一致，不以禮交而同居者，固以姘稱；有配偶而與人通，涉及刑事關係者，依然稱曰「軋姘頭」；反之，在或種習俗方面，不舉行儀式即相結合，社會上又或以正式婚姻目之，並姘之名而亦不予。(註八八)是故學者以姘度兩字譯拉丁語 Concubinatus，用以指示事實婚，此與以妾字譯英語 Concubine 同非盡合。

（註一）見後漢書南蠻傳。

（註二）愚在中國古代婚姻史中，曾主張中國最古之婚姻方法為購買，非掠奪，然掠奪婚既見於各幼稚民族之習俗，縱非正當之結婚方法，要在買賣婚以前，或亦有此方法之過渡，故於此舍舊見焉。

（註三）社會學家有主張買賣婚係由交換婚服役婚演變而來者，亦有主張同時發生，甚謂服役婚為救濟買賣婚之窮而然者在實例上亦各互見本文以交換婚服役婚列於買賣婚之後者，係就其性質之輕重爲準，未含有時代先後之觀念也。因中國最初如何經過交換婚與服役婚時代，尚無昭著顯明之證據耳。

（註四）參照社會通詮宗法社會中嫁娶之禮，男女關係之進化第一〇八頁，婚姻進化史第一五五頁及婚姻第二四—二六頁。

（註五）見劉師培中國歷史教科書。

（註六）禮記郊特牲云，「昏禮不用樂，幽陰之義也，樂陽氣也；昏禮不賀，人之序也。」

（註七）見梁著中國文化史社會組織篇第二章。

（註八）參照本文第一章第三節甲段關於母系社會之族內婚制一項。

（註九）參照金史歡都傳及金史世宗紀大定十七年二月戊辰詔。

（註一〇）參照新元史后妃傳。

（註一一）參照左桓六年鄭太子忽語，成二年申公巫臣語，及公羊穀梁定四年吳入楚傳文。

（註一二）見國語晉語及左莊二十八年文。

（註一三）見魏志甄后傳及世說新語惑溺篇，並新五代史唐家人傳。

（註一四）見新元史明史后妃傳及辭源香妃條。

（註一五）見左成十一年，桓十六年及昭十九年傳文。

（註一六）見三國志吳志引江表傳語及新唐書金史后妃傳。

(註一七)見左襄二十五年傳文，北史高允傳附高昂傳及新五代史漢家人傳。

(註一八)見清律註。

(註一九)晉書四夷傳、周書異域傳有類同之記載。

(註二〇)參照金兆梓新中華本國史上編第一三一—一三二頁。

(註二一)伏羲云者，係取其馴伏物教人取犧牲以供庖廚之意。

(註二二)參照柳詒徵在東南大學之中國文化史講義。

(註二三)參照中國古代婚姻史第一八—二二頁。

(註二四)見曲禮及坊記，並參照檀弓子柳之母死一段。

(註二五)漢書王莽傳『秦爲無道置奴婢之市，與牛馬同闌』；並參照後漢書光武紀建武七年詔有『以賣人法從事』之語。

(註二六)見通典卷一六七引魏律，唐律賊盜篇，元史刑法志盜賊門及明清律盜賊篇。

(註二七)見元史刑法志姦非、殺傷、大惡各門及明清律犯姦篇。

(註二八)參照婚姻第三二頁及婚姻進化史第一五七頁。

(註二九)如易震卦『婚媾有言』，左昭二十五年『昏媾姻亞』……等等皆是。

(註三〇)見陶彙曾實用法律叢書之民法親屬第三三頁。

(註三一)見宋書后妃傳孝武文穆王皇后條。

（註三二）參照遼史公主表、金史后妃傳、元史后妃公主兩表及后妃傳。

（註三三）參照德人穆拉來爾在其婚姻進化史中所云，見譯本第一六三頁；國人亦有作此論調者。

（註三四）見中國婦女生活史第二二頁，中國婚姻法論第二〇頁及張紳中國婚姻法綜論第九頁。

（註三五）見宋羅泌所撰之路史。

（註三六）見孟子滕文公章句下。

（註三七）見北史高允傳。

（註三八）見婚姻與家族第三九頁引其親屬法大綱語。

（註三九）參照婚姻進化史第一六六頁。

（註四〇）參照三國志吳志孫破虜夫人傳及元史烈女傳李智貞條。

（註四一）抱朴子弭訟篇語。

（註四二）參照商務婦女雜誌第十四卷第七號天任之紹興的舊式結婚及王燠珍之蕭山的婚事瑣記。

（註四三）原文見抱朴子弭訟篇。

（註四四）彈文見文選卷四十。

（註四五）魏詔見魏書文成帝紀和平四年及孝文帝紀太和二年；封述事見北齊書本傳。

（註四六）見顏氏家訓治家第五。

（註四七）參照唐會要卷八十三嫁娶。

（註四八）參照宋史宋綬傳蔡齊傳及彭汝礪傳。

（註四九）參照宋史仁宗紀，燕王德昭傳及禮志。

（註五〇）參照尚書伊訓及墨子非樂上，穀梁莊二十三年，及墨子明鬼下，詩陳風鄭風衛風及漢書地理志。

（註五一）見孟子萬章上及告子下。

（註五二）參照左昭元年傳文，廣列女傳，王仁裕開元天寶遺事及宋史公主傳。

（註五三）見世說新語及北齊書列傳第一。

（註五四）參照本事詩及雲溪友議並青瑣高議。

（註五五）事見梁乙眞中國婦女文學史綱第三四二頁。

（註五六）孝文竇皇后卽係先選入宮掖而後賜予文帝者，其例也；見漢書外戚傳。

（註五七）參照後漢書后紀及各史后妃傳。

（註五八）參照元史太宗紀世祖紀及崔彧傳。

（註五九）參照漢書李陵傳，隋書刑法志，王書奴中國倡伎史第五章及元史文宗紀順帝紀。

（註六〇）見漢晉春秋及新元史后妃傳太宗昭慈皇后條。

（註六一）如匈奴、稽胡、柔然、突厥、回紇、女眞、蒙古、烏孫、西羌、宕昌羌、党項、吐谷渾各族皆然；惟苗族之例不顯。

（註六二）參照左桓十六年，莊二十八年，成二年傳文，周禮夏官司馬及其疏。

（註六三）參照楊鴻烈中國法律發達史第一二七——一二八頁。

（註六四）見漢書西域傳及後漢書南匈奴傳。

（註六五）參照北史后妃傳，新唐書公主傳，新元史后妃傳附列公主。

（註六六）參照上海大公報二十五年四月十日李晉人元代蒙古人收繼婚俗傳入內地之影響，

（註六七）參照食貨半月刊第一卷第十二期陶希聖十一至十四世紀的各種婚姻制度。

（註六八）參照元史列女傳本條，陶宗儀輟耕錄本條及元史烏古孫良楨傳。

（註六九）見朱方中國法制史第二二七頁。

（註七〇）參照東方雜誌第三十一卷第七號，黃華節叔接嫂，司法行政部民商事習慣調查錄，南京中央日報二十五年二月十三日學本所述之羌戎考察記。

（註七一）參照蜀志卷四，晉書新元史后妃傳及魏書崔浩傳。

（註七二）見過庭錄及明史烈女傳三。

（註七三）參照易君左中國政治史要第一二三頁，呂誠之中國宗族制度小史第七一——七四頁。

（註七四）見漢書賈誼傳及注；又說文云，『以物質錢曰贅』。

（註七五）見史記秦始皇本紀，漢書武帝紀及賈誼傳注；又釋名云，『贅，屬也；橫生一肉屬著體也』。

（註七六）見程大昌演繁露，洪邁夷堅志及宋史劉清之傳。

（註七七）見能政齋漫談引王彥輔塵史所云。

（註七八）見清邱煒萲菽園贅談，陳東原中國婦女生活史第五八頁、第一五五頁，及漢書東方朔傳。

(註七九)參照漢書外戚傳。

(註八〇)接腳夫人之稱見玉泉子。

(註八一)詳見中國婚姻法綜論第三五頁。

(註八二)原文見中國法律發達史第七四一頁所引。

(註八三)見魏志武文世王公傳及新唐書李蕭盧韋趙和列傳。

(註八四)參照孫樗餘墨偶談及司法行政部民商事習慣調查錄。

(註八五)參照婦女雜誌第十四卷第七號王煥珍蕭山的婚事攷記。

(註八六)左昭十一年及十九年傳文。

(註八七)參照前大理院上字第八九九號判例。

(註八八)據民商事習慣調查錄云，平泉、隆化等縣，窮民結婚多於年終除夕夜成婚，男家不送禮物，女家亦無妝奩。又、舊俗，孀婦再醮更無明目舉行婚禮者。

第四章　婚姻成立

婚姻關係之成立，就其大體而言，須經過定婚與成婚兩程序。惟定婚爲語，非與於古，古僅就男女兩方各別爲之稱耳。在女方，稱曰許嫁，禮記曲禮「女子許嫁，笄而字」是；（註一）唐、宋、元各律不廢此稱，然許婚用語亦同見焉。（註二）在男方，雖以六禮爲用，而實重於「委禽」以示「聘則爲妻」之義，故以文定聘定或已納聘云云，指其事也。殆至明清兩律，於許嫁等稱外，兼有定婚用語，男女雙方通用，如謂「凡男女定婚之初」云云是。此語雖在晉書后妃傳惠賈皇后條曾一見之，而用於律者始於此。今，我民法改以婚約稱之。成婚爲語，古泛稱嫁娶，或即直稱昏因，倘就男女分別爲言，仍各有其所稱，如「于歸」「受室」之類，不遑例舉。自唐以還，因對婚姻有「已成……未成」之律文，始演而爲成婚之稱。（註三）今，我民法改以結婚稱之。無論在定婚或成婚中，亦無論在法律現象或社會現象中，除荒政多婚、特例破法、陋俗違禮等情形外，皆有婚姻的實質條件及形式條件之存在，須爲遵守，否則大都不能構成禮法上之所謂婚姻。但如理雖未妥，義雖未安，而非禮所否認，或法所禁止者，又當別論。中國數千年來，以聘娶婚爲原則，禮法上所設之各種條件，皆莫離乎此宗，則關於婚姻之成立惟有準此而論矣。不過欲斤斤拘於定婚成婚等例爲述，不特已見於前者若一夫一妻等條件，未便重複，抑且有他種不便之原因在焉。蓋如向日之所謂定婚，設非專示指腹爲婚或幼時訂婚之事，其意義實具有成婚要件之性質，殊難與今之所謂婚姻預約相擬；（註四）且所謂主婚，一方面有關婚姻意志，誠爲實質條件，一方面有關賓主禮儀，兼爲形式條件，亦難盡依今義，求古之合也。於此，又惟有以事爲綱，藉明其變而已。

一　婚姻之年齡問題

關於婚姻之年齡，在現代婚姻法上除定婚年齡、結婚年齡外，尙有同意年齡一種；同意年齡者，男女婚嫁於一定年齡內，須取得有同意權者同意之謂也。（註五）今我民法上雖以成年與否定同意年齡之標準，（註六）然在往昔，婚權操於父母，男女唯遵其命，旣無祇求同意之事實，亦卽無同意年齡之可言。惟關於夫婦年齡之相差問題，古則有所重焉。

（甲）定婚年齡　在昔，於禮法上男女因定婚而即取得一定身分，定婚不視之爲預約，乃結婚要件之一，故向日祇有嫁娶年齡之宣示，包括定婚與結婚而言，別無獨立之定婚年齡也。雖如穀梁文十二年云『男子二十而冠，冠而列丈夫，三十而娶；女子十五而許嫁，二十而嫁；』而禮記曲禮注亦云『許嫁則十五年而笄，未許嫁則二十而笄；』似男二十、女十五乃定婚年齡，其實亦難比擬。蓋男三十、女二十乃結婚之最高年齡，男年二十而冠，女年十五因許嫁而笄，同時亦即可以成婚，許嫁及文定之年齡依然存於嫁娶年齡中也。其可視爲定婚年齡者，反屬於理義未妥之指腹爲婚、童幼許親等堪以當之。不過此在定婚年齡問題上，究屬消極性質，一則其事僅爲世俗所有，在法律上每歸否認，一則其事存在之本身，亦正因破壞一定年齡之限制而始然也。

一曰、指腹爲婚：指腹爲婚云者，子女於母胎中，即由父母爲其締結婚約是；或預定將來一方生男，一方生女而如此者亦同。後漢書賈復傳云，復破賊而創，光武大驚，謂『聞其婦有孕，生女耶；我子娶之；生男耶，我女嫁之；不令其憂妻子也。』或其肇始。南北朝時，此風特盛：

「王寶興母及盧遐妻俱孕，崔浩謂曰，「汝等將來所生皆我之自出，可指腹為親。」」（魏書王寶興傳）「韋放與吳郡張率皆有側室懷孕，因指為婚姻。」（南史韋叡傳附韋放傳）皆其例也。再降如金人舊俗亦多指腹為婚姻，既長雖貴賤殊隔，亦不可渝云云，又自成俗。（註七）此事全然出自主婚者一時之情感，殊於將來不利，故司馬溫公對於指腹為婚者及襁褓童幼之時輕許為婚者，同致不滿，曰：「及其既長，或不肖無賴，或身有惡疾，或家貧凍餒，或喪服相仍，或從宦遠方，遂致棄信負約，速獄致訟者多矣！」（註八）殆元以後，法律更以明文禁止，元史刑法志云，「諸男女議婚，有以指腹割衿為定者禁之；」明戶令云，「凡男女婚姻各有其時，或有指腹割衫襟為親者，並行禁止；」清律及現行律沿用此種令文，亦禁止之。不過習俗方面依然莫能即革其事。至於現代鄉俗中，其尙未生子者，往往依「插朵花兒待兒生」之觀念，即抱童養媳入門，稱曰望郎媳；此在一方面固與養媳或虛合婚有關，一方面亦指腹為婚之類耳。（註九）

一、曰童幼許婚：文中子云，「早婚少聘，教人以偷；」此或兼早娶早嫁在內，而司馬溫公則直斥襁褓童幼之時輕許爲婚之非，是又專指定婚而言耳。宋史后妃傳載英宗高皇后少鞠宮中，時英宗亦在帝所，與后同年；仁宗謂異日必以爲配，既長，遂成婚濮邸，生神宗。金史后妃傳載，世宗謂昭德皇后兄子天錫曰『朕四五歲時，與皇后定婚』，是皆童幼許婚之例。降而元、明、清各律所稱割衫襟爲定者，或爲襁褓時定婚之禁也。其在今日，如無爲等處之貧家，家有男嬰，往往托媒聘取他家襁褓中之女嬰，歸而撫養，以待成年婚配，稱曰抱小媳婦云，此又於養婚例中兼有襁褓定婚之性質也。（註一〇）

（乙）成婚年齡　成婚年齡之高低，歷代屢有變遷，而禮法所限與事實上之嫁娶年齡，有時亦不一致；古代或較後世稍高，其大較也。惟如杜佑通典云『太古男五十而娶，女三十而嫁；中古男三十而有室，女二十而嫁；堯舉舜曰「有鰥在人間」（鰥，三十也），以其二女妻之，二十而行之』云云，爲言荒渺難稽，則亦未可遽信。自周迄於清世，約可分爲三期論之。

一、周世之成婚年齡：諸說紛紜，須詳考之。其最著者，莫若禮記內則云，『男子二十而冠，始學禮；三十而有室，始理男事。女子十有五年而笄，二十而嫁；有故，二十三年而嫁』（註一一）此一說也。然『男子十六精通，女子十四而化，是可以生民矣；而禮男子三十而有室，女子二十而有夫也，豈不晚哉？』或答之曰：『夫禮言其極也，不是過也，男子二十而冠，有爲人父之端，女子十五許嫁，有適人之道，於此而往，則自婚矣。』（註一二）遂認爲三十而娶，二十而嫁乃婚姻之最高年齡，故有三十不娶則爲鰥，二十不嫁則謂爲過時之結論，此一說也。周禮媒氏王注，『度其材品之賢愚，知識之早暮，氣體之強弱，則男自二十至三十，皆可以娶，女自十有五至二十，皆可以嫁，』此一說也。文王世子云，『文王十五生武王，』左襄九年云『國君十五而生子，』亦與三十而娶云云不合，但詩摽有梅疏則以三十而娶庶人禮也解之，此又一說也。凡此，皆求與內則爲說不相衝突，故有各解。愚認爲此最高年齡之設，或因經書傳抄出自漢儒，而漢世早婚爲例最顯，學者遂託古以言晚婚之理想也歟?!試觀白虎通云，『男三十而娶女二十而嫁者何？陽數奇陰數偶也。……男三十筋骨堅強，任爲人父，女二十肌膚充盈，任爲人母，合爲五十，應大衍之數，生萬物也，』尤覺其近於『設法』之言也。（註一三）如是，則墨子、韓非子所謂丈夫二十而室，婦人十五而嫁，（註一四）或確爲大夫迄於庶人之及婚年齡也。至於越王句踐之速欲報吳，凡男二十，女十七不嫁娶者罪其父母，則又基於生聚政策所爲之設施也。（註一五）

一曰、漢唐之成婚年齡：漢惠帝六年令，『女子年十五以上至三十不嫁，五算，』用示罪謫，故以早俗爲尙。宣帝時，王吉上疏曰：『世俗嫁娶太早，未知爲人父母之道，是以教化不明而民多夭』云云，可知其然。(註一六)其實在帝王方面，成婚之年爲級更低，昭帝始立年八歲，上官皇后年甫六歲；皇后立十歲而昭帝崩，后年滿十四五云；平帝卽位，年九歲，莽嫁以女年亦甫九歲，莽篡位，改號安定公太后，年祇十八云。此較班昭年十有四，執箕箒於曹氏，爲尤早也。(註一七)晉武帝九年制，『女年十七，父母不嫁者，長吏配之，』較漢更甚。故如嚴憲龍憐皆以十三而嫁，一則十八釐居，一則未逾年而寡矣。(註一八)南朝梁高祖丁貴嬪年十四歸高祖，陳文帝沈后於十歲餘歸文帝，然在一般情形上，或與晉同。北朝，更尙早婚。魏、在文成帝以前，諸王年十五便賜妻別居，其後更低。故太子晃十五歲生文成帝，獻文帝十三歲生孝文帝；而孝文幽皇后入掖庭，年十四，昭皇后年十三，宣武順皇后年十四，幾成通例，其他可知。(註一九)齊亦然，故高儼被罪時，年纔十四，已有遺腹子五人；(註二〇)而後主並令曰：『女年二十已下，十四已上，未嫁悉集省，隱匿者家長處死刑，』是較漢之十五以上須嫁，又短一歲矣。周、建德三年詔，『自今以後，男年十五，女年十三以上，……所在軍民以時嫁娶，』則愈趨而愈低焉。(註二一)降而至唐貞觀元年詔民男二十女十五以上，無夫家者，州縣以禮聘娶，稍革早婚之俗；但開元二十二年續詔凡男十五以上，女年十三以上，於法皆聽嫁娶，又復其舊。其實太宗文德順皇后亦卽十三而嬪也。(註二二)

一曰、宋後之成婚年齡：宋於令文中，雖沿唐開元之制，但司馬氏書儀則定爲男爲十六以上，女爲十四以上，朱子家禮亦如之；遂爲明令淸禮之所本。(註二三)而太祖爲太宗選明德李皇后爲妃，時年十六，高宗於康王時選吳氏入宮，吳年十四；又事實也。其在遼、金方面，年齡亦非過稚：遼史列女傳共錄五人，而詳成婚年齡者四人，如耶律述妻十八而嫁，耶律中、耶律奴及邢簡之妻均二十而嫁；此遼之例也。金史后妃傳，始祖明懿皇后嫁時，年十六餘；顯宗昭聖皇后選入宮時，年二十三；又列女傳，聶孝女年二十三，適進士張伯豪；此金之例也。元、妃嬪或有以稚年而入侍者，惟民間則似以十六至二十一而嫁較爲普通。(註二四)明、洪武元年令庶民嫁娶悉依朱子家禮，而依明史列女傳所載之實際成婚年齡，最低者爲蔡本澄妻年十四，最高者爲玉亭縣君年二十四，最普通者爲十七十八之年云。淸因明舊，實際情形或相彷彿；但鄉野陋俗，早婚仍所不免，而尤以男子方面早婚爲甚。雖在今日

亦恆然也。（註二五）

（丙）夫婦年齡　禮法上之成婚年齡，男高於女，乃一通例；此在一方面得知『男女婚姻各有其時，』一方面得知『合男女，頒爵位，必當年德，』而實以此爲準；（註二六）故夫婦年齡在大體必有其差。惟其程度爲若何耶，抑或有反例耶？分別妻妾而言之。

一曰、夫與妻之相差年齡：漢儒既以男三十而娶女二十而嫁爲說，則夫妻年齡之差數，似爲十年，然人之嫁娶或以賢淑，或以方類，豈但年數而已；若必差十年乃爲夫婦，是廢賢淑方類，苟比年數而已！詩疏又謂『男年二十以後，女年十五以後，隨任所當，嘉好則成，不必要以十五六女配二十一二男也，雖二十之女配二十之男，三十之男配十五之女亦可。』（註二七）此雖就周代禮制上之成婚年齡，言其差數，亦可推用於後世政令上之成婚年齡，以示夫妻年齡之最大差數。然無論如何，夫妻雙方之年齡如相差過遠，皆不視爲通常現象，故『老夫得其女妻，』譬之『枯楊生稊；』『老婦得其士夫。』譬之『枯楊生華，』謂其罕也。不過老夫不有老妻而得女妻，無非過分相與而已；若老婦不偶老夫而得士夫，則更視爲恥辱之事矣。（註二八）蓋婦當年稚於夫，又似爲通常之道也。晉武帝爲太子娶賈南風，時年十五，大太子二歲；明憲宗年十六即位，萬貴妃已三十有五；史皆含有譏意，可知其然。（註二九）降至近代，鄉里舊俗以操井臼持門戶之故，每喜爲少子娶長婦，其年或有長一倍以上者，往往釀成奇案，結爲怨耦，在實際上，其弊端似亦較老夫女妻爲著也。（註三〇）

一曰、夫與妾之相差年齡：男子納妾，漁色其旨，自必選取少艾，以備其位；即爲子嗣而然者，亦必夫年長娶妻而無子，始納妾求育，殊非老婦所能充焉。故男子娶妾之年齡既較娶妻爲高，而妾嫁之年齡每又較妻爲低，則夫妾年齡之差數，自亦大於夫妻，枯楊生稊云云，實夫妾關係中之通常現象也。原所謂妾者，無論爲貴妾爲賤妾，年皆幼小於夫，從其字義即可知之。易說卦：『兌爲少女，爲妾，』即其證。媵制中，嫡往以姪娣從，姪爲兄之子，娣爲女之弟，其年皆小於嫡，更必少於夫也。又，國語『童妾未齔而遭之，既笄而孕，』則其自七歲至十五歲即屆適婚年齡，亦妾年髫小之證。故內則云『妾將御者，齊漱澣，慎衣服，櫛縰，笄總角，拂髦，』焉。（註三一）後世法令士庶人納妾或有一定年齡之限制，大抵皆高於娶妻年齡，如明代限定庶人四十歲以上納妾，則與妾年之差當在二十歲左右也。雖然，如以前述之萬貴妃視而爲妾，其年則長於夫，顧此乃宮掖之特別例外現象，非可以論一般也。

二　婚姻之故障問題

中國數千年來，在禮法上向採性慾否定之態度，而又兼有他種關係，故於男女婚嫁方面頗多禁止之情形，婚姻關係人實無充分選擇及依願好合之自由，是謂婚姻故障，須爲避免者也。（註三二）此種故障有屬於永久性質者，如所謂干分或非偶嫁娶之禁止是。有屬於暫時性質者，如喪婚之禁止是。

（甲）干分嫁娶　干分嫁娶謂干犯輩分之婚姻，依今例，應從直系或旁系之血親或姻親四方面而述其禁止範圍；但舊日則以同姓不婚、尊卑不婚、宗親妻妾不婚等例爲說，從之。

其一、同姓不婚：『夏殷不嫌一姓之婚，周制始絕同姓之娶；』『夏殷五世之後則通婚姻，周公制禮，百世不通，所以別於禽獸也；』昔人已明言同姓不婚，非古所與，而爲周之所創矣。（註三三）故曰：

『四世而緦，服之窮也；五世祖免，殺同姓也；六世親屬竭矣；其庶姓別於上而戚單於下，昏姻可

以通乎？繫之以姓而弗別，綴之以食而弗殊，雖百世而昏姻不通者，周道然也。』（禮記大傳）

周何以不婚同姓？乃採取族外婚制之當然結果（註三四）至謂為防淫戒獨蕃種避殃云云，乃後起之義也。（註三五）不特娶妻不娶同姓，即妾亦然，故買妾不知其姓則卜焉。惟在事實上，周雖以此為禁，而晉文公則為狐姬所出，與晉同為姬姓；其後，晉平公又有四姬；魯吳同姓，昭公竟娶于吳，謂之吳孟子，不稱其姓：反禮之事不一而足。（註三六）戰國以下，以氏為姓，自漢以後，姓氏不分，且因功臣賜姓、義兒襲姓、避仇改姓、胡從漢姓之關係，同姓非即同祖，同姓不婚已失周之意義，乃歷代竟據而視而婚姻故障之主條，殊失原義。（註三七）然在另一方面，破壞所謂同姓不婚例者又恆見之。漢呂后嫁妹呂平；王莽以姚、嬀、陳、田、王五姓為宗室，且禁元城勿與四姓為婚，而已則取王咸女，稱曰宜春氏；魏王基以與王沈姓同源異，乃為其子納其女；晉劉聰以與劉康公不同其祖，乃納其女；他如王皆之與王沈婚，劉嘏之與劉疇婚，劉頌之女適陳矯，矯本劉氏子；又係晉代同姓之通婚者也。（註三八）北魏原無同姓為婚之禁，顧孝文帝以古風遺樸，欲復舊觀，遂禁絕之，犯者以不道論；殊未知時已非古，與之無益也。（註三九）降而至唐，以之入律，『諸同姓為婚者各徒二年，緦麻以上，以姦論，』妾亦然；惟其所謂同姓者，實指同姓而共宗者爲言。故同姓不婚實卽同宗不婚之意。而李光進之母同爲李氏者，當係不同宗也。(註四〇)宋刑統一宗唐律。金則於太祖二年，詔自收江寧州以後，同姓爲婚者杖而離之。元與唐宋同。(註四一)明清律分同姓同宗爲二，並禁止其通婚，雖在表面上合於周制百世不通婚姻之例，不知其姓已非昔之姓，於義理上則大乖矣。清末删律，將同姓不婚與親屬不婚合倂，只禁同宗爲婚而不禁同姓婚，前大理院亦如是承認之。今我民法祇以親等爲計，在其親等之限制範圍以外，雖同姓共宗仍可以通婚矣。(註四二)夫在舊日對於同姓共宗，甚至同姓不宗，旣禁其婚，則所謂直系血親不婚，自亦包括於內，犯之者惟有加重其刑而已！所謂旁系血親之在宗親方面者亦然，蓋同宗云者，不論支派之遠近，籍貫之同異，皆是也。

其一、宗妻不婚：宗親之妻妾雖爲異姓，而因禮教之故，恆禁止其爲婚；中國除元世外，向不許收繼爲婚，職是故也。其詳見前。非特收弟婦收寡嫂爲非道，卽娶同族之寡婦，於禮亦非正當；故蜀昭烈帝之納穆皇后也，帝旣以其曾爲劉瑁妻，疑與同族，而史家亦認其失當可知矣。(註四三)唐世定律，「諸嘗爲袒免親之妻而嫁娶者，各杖一百；緦麻及舅甥妻，徒一年；小功以上，以姦論；妾各減二等；並離之。』蓋惟袒免以外同宗無服親之妻妾，得嫁娶也。宋同。元以收繼為俗，故與宗妻婚姻不禁，然其後弟雖可收亡嫂，而兄則不能收弟婦，且漢人南人不適用收繼之例也。明清律除對收繼之禁，嚴處其刑外，凡娶同宗無服親之妻，各杖一百，緦麻親及小功親等之妻，亦各加重其刑，妾則減等，並離異；其較唐禁為尤密云。

其一、尊卑不婚：外姻之輩行不同，無論有服無服，自唐永徽來，類多禁婚，(註四四)古則不若是也。最古羣婚時代，雖以輩行為貴，然春秋之媵，姑姪同嫁則已漸破其例。漢興以後，外姻尊卑為婚者屢屢：惠帝妻其姊魯元公主之女張氏，與甥女為婚也；哀帝妻其祖母傅太后從弟之女，與外家諸姑為婚也。(註四五)殆後，若劉宋、蔡興宗以其女妻其姊之孫；北魏、慕容元眞之妹先嫁魏帝而崩，復以其女續之：皆尊卑為婚之例。(註四六)降而至唐，始懸為禁條：『外姻有服屬而尊卑共為婚姻，及娶同母異父姊妹，若妻前夫之女者，亦各以姦論。』其雖於身無服，而仍據身為尊或他故者，仍不得為婚，所謂『其父母之姑舅兩姨姊妹、及姨、若堂姨、母之姑、堂姑、己之堂姨、及再從姨、堂外甥女、女壻姊妹並不得為婚姻，違者各杖一百並離之』是也。明清律大體相同，從略。(註四七)

其一、中表不婚：外姻而屬平輩者，各律往往不禁，然中表關係實一相近之旁系血親，歷代有禁之者宜也。（註四八）其不禁者，如漢武帝娶其姑長公主之女陳氏為后；劉宋孝武帝文穆皇后係其姑吳興長公主之女；梁文帝之室張氏係其從姑之女；唐長樂公主為長孫皇后所生，下嫁其母之侄長孫冲；宋蘇洵以其女嫁內侄程之才；呂榮公夫人乃張昷女，而張昷夫人即榮公之母妹：皆中表為婚之著例。（註四九）其他在世婚之情形中為例更屬多有。然在宋刑統中則有『各杖一百並離之』之規定，袁采世範中亦極言因親及親之不當，痛恨中表為婚者深矣！明清律有『若取己之姑舅兩姨姊妹者，杖八十』之規定，但習俗已久，莫能更易，於是明於問刑條例之末，清於附例中，皆附以『姑舅兩姨姊妹為婚者，聽從民便』等語，蓋理所不可，而又無由禁之也。清末刑律，直廢此禁，免成具文；今我民法亦然。

其一、他種不婚：異父同母兄弟姊妹，唐、明、清各律皆禁相婚；金於天會八年亦禁繼父繼母之男女無相嫁娶；明並於正統十二年禁異母異父兄弟姊妹之通婚。惟在清律中，前夫子女與後夫子女異母異父者，若從尊長主婚，則毋概擬離，與明稍異。（註五〇）

（乙）非偶嫁娶　非偶嫁娶謂依禮法非應匹配之婚姻，為舊日所特別限制之事例，今日泰半歸於否認；若官民不婚、良賤不婚、僧道不婚之類是。

其一、官民不婚：在任之官不得與所監臨女婚，意在防其強娶，意甚善也！漢律中僅見姦部民妻之禁，（註五一）他則未聞；禁止監臨官所娶監臨女首見於唐律。『諸監臨之官娶所監臨女為妾者，杖一百，若為親屬娶者亦如之；其在官非監臨者減一等，女家不坐』是也。宋刑統卷十四之規定同。元亦禁之。明更以妻列入，凡府州縣親民官任內娶部民婦女為妻妾者杖八十；清律同。此外，一般官吏與倡伎婚者亦所禁止，元『諸職官娶倡為妻者笞五十七，解職，離之；』明清律『文武官吏娶樂人妓者杖六十，離異歸宗，財禮入官』是也。

其一、良賤不婚：良賤禁婚漢尚非甚，后妃之出於卑賤者多矣！北魏漸嚴其禁，凡皇族貴戚及士民之家而與百工伎巧卑姓為婚者加罪；昭成帝之後裔某亦曾以為家僮取民女為婦妾，又以良人為婢，坐免官爵，其例也。（註五二）唐雖以太常樂人婚姻絕於士籍，認為非宜，使其婚同百姓；然對於雜戶等則限制其當色為婚。故律曰：『諸與奴娶良人為妻者，徒一年半，女家減一等，離之；其奴自取者亦如之。……即妄以奴婢爲良人，而與良人爲夫妻者，徒二年，各還正之。諸雜戶不得與良人爲婚，違者杖一百，官戶娶良人女者亦如之，良人娶官戶女者，加二等。即奴婢私嫁女與良人爲妻妾者，準盜論；知情娶者與同律，各還正之。』(註五三)宋承唐舊，惟依其戶令，奴詐稱良，而與良人女爲婚，所生男女並從良，良人女知情者從賤；其生男女經一年以上不離者，雖稱不知情，仍以知情視之也。遼、開泰八年詔橫帳三房不得與卑小帳族爲婚，亦良賤通婚之禁；金則稍有改善，而元又涉於嚴，良家女願與奴爲婚者即爲奴婢，奴收主妻者以姦論，強收主女者處死。(註五四)明清與唐同，惟處刑則減輕矣。

其一、僧道不婚：僧道以宗教關係，不得取妻，尼及女冠亦以不嫁爲當然，故女子之不嫁或不再嫁者，每遁身菴觀以終。惟楊貴妃等爲例外焉。唐宋律中雖無僧道爲婚之禁，然宋太祖開寶五年則詔『道士不得畜養妻孥，已有家者，遣出外居止，』金於熙宗時亦詔僧尼犯姦並處死云。元、『諸僧道悖教娶妻者杖六十七，離之；僧道還俗爲民，聘財沒官，』亦有禁也。(註五五)明清律，『僧道娶妻妾者杖八十，還俗，女家同罪，離異；寺觀住持知情，與同罪，不知者不坐。若僧道假託親屬或僮僕爲名求娶，而僧道自占者以姦論。』至於僧道等之犯姦，則亦較凡人之罰爲重也。

其一、姦逃不婚以逃之情形言，唐律云『諸娶逃亡婦女爲妻妾，知情者與同罪，至死者減一等，離之；卽無夫，會恩免罪者不離。』宋、明、清各律同。惟明、清律則明白指出此種逃亡，非背夫在逃之例，乃就自己犯罪已發在官而逃走在外之婦女言耳。又、明律，凡收留人家迷失子女，不送官司，自留爲妻妾子孫者，杖九十徒二年半云。以姦之情形言，唐、和娶人妻妾及嫁之者，各徒二年，離，已近相姦不婚之事。元、先通姦被斷，復娶以爲妻妾者，雖有所生男女猶離之。明、和姦刁姦者，男女同罪，姦婦從夫價賣，惟價賣與姦夫者，姦夫本夫各杖八十，婦人離異歸宗，財物入官；清因之。今我民法於一定條件下，亦爲相姦婚之禁止。(註五六)

其一、他種不婚：曲禮云『父之讎弗與共戴天，兄弟之讎不反兵，交遊之讎不同國；』則在古代仇讎不應爲婚也可知。故魯與齊讎，而莊公爲王姬主婚，與齊爲禮；其後又如齊逆女，嫁於仇家，遂大受春秋之貶。但後世此義不顯，往往竟以婚媾爲解除宿怨之工具，魯莊公之道行焉。此外，若士庶階級之不婚，貧富差別之不婚，則又純然社會習尚方面之見解也。

（丙）違時嫁娶　違時嫁娶係指居父母喪、夫喪、周親喪等之嫁娶而言；他若帝王喪，父母在囚禁中，與夫一時政令之禁止婚嫁者，亦不得於其期間內爲婚姻也。

其一、居尊親喪不得嫁娶：居父母喪不得嫁娶，周已重視其事，故春秋對於喪娶多譏，而內則所謂『女子二十而嫁，有故，二十三年而嫁，』有故，卽遭父母之喪之謂耳。（註五七）漢、居喪姦多置重典，居喪嫁娶未詳。（註五八）晉、王籍之居叔母喪而婚，顏含在叔父喪中嫁女，劉隗以爲非禮，奏之；但一則爲解其禁而不究，一則僅奪俸一月；似莫如周世之重視也！然後趙石勒則嘗下書禁『國人』在喪婚居，豈禮失而求之夷歟!?北齊立重罪十條，居父母喪身自嫁娶爲不孝之目，隋唐歸於十惡內，至清未廢。故隋時，唐君明居母喪，聘庫狄士文之妹爲妻，爲御史所劾，實當然也。（註五九）唐律更詳之曰：『諸居父母喪……而嫁娶者徒三年，妾減三等，各離之；知而共爲婚姻者，各減五等，不知者不坐。若居期親之喪而嫁娶者，杖一百，卑幼減二等，妾不坐。』宋因之。金、元亦有喪婚之禁。明清律與唐律略同。

其一、居配偶喪不得嫁娶：此以居夫喪而再嫁之禁止爲嚴，且習見焉。漢董仲舒決獄，某之夫死未葬，其母卽嫁之；或謂法無許嫁，以私爲人妻當棄市云云，罪之甚矣！（註六〇）唐及以後各律居夫喪而嫁者與居父母喪而嫁之裁制同，且列爲十惡中不義之一目，視爲不可赦宥者。至夫居妻喪而娶，如何處罰，多付缺如。唐於貞觀元年二月四日詔中謂『……妻喪達制之後，孀居服紀已除，並須申以婚媾，令其好合』云云，實屬僅見之例也。不過依金史章宗紀『承安五年三月戊辰定妻亡服內婚娶聽離制，』則男女平等之待遇，反於女眞朝見之矣。

其一、値帝王喪不得嫁娶：漢文帝以前，帝王崩後每禁嫁娶；故文帝遺詔曰『其令天下吏民，令到出臨三日，皆釋服，無禁娶婦嫁女祀祠飲酒食肉。』後世多以文帝爲則，帝喪不皆過久，然數日間之禁止嫁娶與夫宗室仕宦之暫停婚媾，又恆然也。各史禮志中不乏此種記載，可參照焉。

其一、父母囚禁不得嫁娶：唐律謂『諸祖父母父母被囚禁而嫁娶者，死罪徒一年半，流罪減一等，徒罪杖一百，』蓋爲『敎所不容』也。惟奉祖父母父母命爲親者不加其罪，而依令仍不得宴會。明清律略同，其刑度則以杖八十爲最重云。

其一、他種情事不得嫁娶：晉武帝泰始中，博選良家以充後宮，先下詔書禁天下嫁娶；此帝王選女民間，致民間男女不得嫁娶也。孫皓使黃門備行州郡，科取將吏家女，其二千石大臣子女，皆當歲歲言名，年十五六一簡閱，閱不中，乃得出嫁；亦此帝王採擇貴家女以充後宮，致停止其婚嫁也。金宣宗貞祐二年遷都汴，詔凡衞紹王及鄗厲王家人皆徙鄭州，仍禁錮不得出入，男女不得婚嫁者十九年；天興元年始詔釋之；此因罪及其族，致其家人十九年間不得婚姻也。（註六一）

三　婚姻之意責問題

現代婚姻須以當事人之合意，爲其成立要件之一，至多在一定情形中取得有同意權者之同意而已。然在往昔，因受父母之命及媒妁之言兩通則之限制，斯男女對於婚姻方面之意思，卽無由直接表示也。蓋媒妁傳言於前，父母決定於後，堪稱爲婚姻意思者此耳。男女旣置身於締婚訂約以外，關於婚姻責任遂往往由父母或其他主婚人與媒妁人負之，亦當然之結果也。所謂主婚人者係指主持婚姻之人而言，在實質上卽其父母等等，所謂父母之命是，在形式上則或另有所指；至於媒妁除傳言外，亦爲定婚與成婚要式行爲中，視爲不可缺之要素。是故主婚與媒妁不僅與往昔之婚姻實質要件有關，且備有婚姻形式要件之性質焉。

（甲）主婚　主持婚姻之人，依前所述應分為實質上之主婚人與儀式上之主婚人。實質上之主婚人為父母或其尊親屬，若為奴婢則其主人；儀式上之主婚人依禮『母』無此種資格，惟『父』等得以實質上的主婚資格兼為之，然他之人等在特殊事例中亦可為之也。分及於左：

一、主婚人與婚姻儀式：周代尚禮，儒家傳經，於是男女有別，因禮而婚，主其事者縱無父兄，亦有師友，所以養廉遠恥，使壻不自言娶婦，公羊所謂婚禮不稱主人是也。（註六二）其在天子嫁娶方面，父既不存，位又極尊，所娶唯諸侯之女，則不稱主人或兼避其有接卑下，左桓八年稱，『祭公來遂逆王后於紀，禮也；』註謂『天子娶於諸侯，使同姓諸侯為之主，祭公受命於魯，故曰禮』，其然也歟!?試觀：

『天子嫁女於諸侯，必使同姓諸侯者主之，諸侯嫁女於大夫，必使大夫同姓者主之。』（公羊莊元年）

『天子嫁女於諸侯，使同姓諸侯主之，不親昏，尊卑不敵。』（左莊元年注）

而穀梁傳亦有『使之主婚與齊為禮』云云；則因尊卑不敵，使人主婚，在嫁在娶當皆同然。其在諸侯相娶方面，繼父之位而侯，在事實上父莫能主，惟母爲尊。然婦人無外事，稱母，『母不通也；』或謂由母命諸父兄師友，稱諸父兄師友而行，或謂不然。顧無論如何，母在不稱主人，春秋隱二年『紀裂繻來逆女，』以其稟君母之命，非君所命，遂不書『使，』必無母辭窮，始稱主人，成八年『宋公使公孫壽來納幣，』卽因宋無母，公自命之，不得不以『使』書也。其在大夫士方面，嫁娶兩方各以父爲主婚人，儀禮士昏禮所稱主人及婚辭內之『某，』除媒妁名外，皆指女父及壻父而言，可知也。母則除父沒而得命使外，不於婚儀上主其事也。魯僖二十五年宋大夫蕩氏妻自爲其子來魯逆婦，不僅『越境』非禮，且婦人主婚，於禮亦視爲不正。同時，因周行宗法制度，除父之外，宗子亦有主婚之資格，故曰：『宗子無父，母命之；親皆沒，己躬命之；支子則稱其宗，弟則稱其兄。』則支子及宗子之母弟，其婚姻又係宗子所主持矣。（註六四）降至漢世，主婚之儀依然存在，天子嫁女不自主婚，遂依周室使諸侯同姓者主之之義，並戰國時稱諸侯女曰公主之例，亦號天子女曰公主。諸王卽自主婚，故其女曰翁主，翁者父也，言其父自主婚也。（註六五）至於天子娶后，儀多不存，然依晉書禮志云，『咸寧二年納悼皇后時，弘訓太后母臨天下，而無命戚屬之臣爲武皇父兄主婚之文；』則其事或不通行，至少在晉初未之用也。殆晉穆帝升平元年將納后，太常王彪之更正其禮，深非公羊婚禮不稱主人之義；並曰『王者之於四海無非臣妾，……安有天父之尊而稱臣下之命，以納伉儷？安有臣下之卑而稱天父之名，以行大禮？』云云。自茲以後，天子娶后皆自命其使，持節行納采等禮而自主之。(註六六)皇太子娶妃亦由天子主之，隋書禮儀志云，『皇太子納妃禮，皇帝臨軒，使者受詔而行；』新唐書禮樂志云，『皇太子納妃，皇帝遣使者至于主人之家，不持節，無制書；』其證也。顧皇子納妃，公主下嫁，唐猶以親王主婚，宋始不用，一則皇帝臨軒醮式，一則納婚者於內東門納表，則仍天子爲之主焉。明因之。惟在遼之方面無論嫁娶，皆以奧姑爲主婚人。契丹故俗，凡婚燕之禮推女子可尊敬者坐於奧，謂之奧姑；太祖女質古幼即爲奧姑也。於是納后，即族中選尊者一人，當奧而坐，以主其禮，送后者拜而致敬，聖宗統和十二年九月所行之拜奧禮即此。(註六七)以上係就天子方面嫁娶之主婚人而言。若夫士庶人之主婚者，在儀式上以父主婚爲當然，祖父、期親尊長及餘親之男子次之，宋史禮志載壻之父醮於禰位曰，『某子某，年若干，禮宜有室，聘某氏第幾女，以某日親迎，敢告，』而壻至女家，主人受禮如儀，主人謂女父也；即其顯例。明洪武二年令，凡嫁娶皆由祖父母父母主婚，祖父母父母俱無者，從餘親主婚，清律用之；此實包括實質及儀式兩方面而言，蓋餘親主婚不必盡關婚姻意志者也。又、清律居喪嫁娶門有條例曰「孀婦自願改嫁，翁姑人等主婚受財而母家統衆搶奪，杖八十；夫家並無例應主婚之人，母家主婚改嫁而夫族疏遠親屬強搶者亦如之；」既屬自願改嫁，仍須有主婚人其爲純然儀式上之主婚人明矣。今俗雖不以父母之命爲然，但家長主婚之儀式存焉。

一、主婚人與婚姻意志　在古代一般情形中，實際上主持婚姻意思者爲父母，所謂「父母之命」是；（註六八）同時，宗子也者或亦有決定族人婚姻之權也。鄭風將仲子章以畏父母之言居先，以畏諸兄之言居次，當卽此故。降而至唐，凡尊長——不限於父母——對卑幼皆有主持婚姻之權。惟卑幼在外，尊長後爲定婚，而卑幼自娶妻已成者婚如法，乃見自主權之表示；然未成者仍須從尊長耳。此之所謂尊長，謂祖父母父母及伯叔父母姑兄姊也。又婦於夫喪服除而欲守志，非女之祖父母父母而強嫁之者徒一年，期親——伯叔父母姑兄弟姊妹及姪——嫁者減二等，各離之；是寡婦不再嫁之意志雖較自由，而其祖父母父母仍得而強主持之也。明、清律除刑度外，略同。惟有兩事須提明之：一爲清律中將前述之明洪武令附於律，且言夫亡攜女適人者，其女從母主婚。一爲「夫喪服滿，妻妾果願守志，而女之祖父母及夫家之祖父母強嫁之者杖八十，期親加一等，大功以下又加一等。』蓋以守志爲貴，雖女之祖父母亦不得而強嫁，且對妾亦如此，此又其所異者。在清時，凡家僕女兒不問伊主，儉嫁與人者有罰，且恆斷離，女歸本主；貧民之女不能生活而雇於人，於年二十五歲後，如母家無人或無至近親屬者，由主家爲之擇配；如是，則主婚權又不在父母而在家主或雇主方面矣。（註六九）

一、主婚人與婚姻責任：依唐律，『諸嫁娶違律，祖父母父母主婚者獨坐主婚；若期親尊長主婚者，主婚爲首，男女爲從；餘親主婚者，事由主婚，主婚爲首，男女爲從，事由男女，男女爲首，主婚爲從；其男女被逼若年十八以下及在室之女，亦主婚獨坐。』有時所以獨坐主婚者，即因嫁娶違律之意思完全爲各該主婚人之表示也。至於『居父母喪與應嫁娶人主嫁者杖一百，』與不應嫁娶人更從重科；亦係視其爲婚姻責任者而然。明、清律，嫁娶違律若由祖父母父母伯叔父母姑兄姊及外祖父母主婚者，獨坐主婚，男女不坐，蓋以分尊義重，得以專制主婚，卑幼不得不從者也。若由餘親主婚，未必能專制男女，則違律之事必有所由，按其情形分別主婚與男女之首從，而制其罪。蓋餘親主婚每多爲儀式上之主婚人而已。他如逐壻嫁女，其女若與父母無通同之情形，則不坐罪，亦因事由父母專制，非其罪也（註七〇）據此，主婚人在往昔婚姻法上所負責任之如何，不難知其要矣。

（乙）媒妁　媒之爲言，謀也，謀合異類使和成者，於是謀合二姓以成婚媾，亦曰媒；妁之爲言亦謀也，又酌也，斟酌二姓也；故孟子『以媒妁之言』是稱。（註七一）此在往昔之婚姻要件上，視爲與『父母之言』同重，於禮於法既有關係，而其制度之本身亦有變遷。分及於左：

一、媒妁與婚制及其沿革：路史云：『太昊伏羲氏正姓氏，通媒妁，以重萬民之麗；』又『女皇氏正姓氏，職婚姻，通行媒，以重萬物之判，是曰神媒；』此乃後世學者推崇媒聘之制，託古爲言，不足信也。愚以爲媒妁具有居間人之性質，在買賣婚時代當即有之；殆買賣婚演變而爲聘娶婚，買妻賣女之居間人亦演變而爲媒妁，遂以合姓爲難，賴媒往來，以傳婚姻之言矣。其始也，或即爲『使』。左成八年『宋公使華元來聘，聘共姬也，』疏雖謂『諸侯不可求媒於其國，使臣自行，則亦媒之義；』實則曲禮既謂『男女非有行媒，不相知名，』行媒云者意皆使也。儀禮士昏禮由問名以迄納吉所稱之『賓』，或即其人。（註七二）至於周禮地官之屬有媒氏，掌媒合男女之事；管子入國篇有掌媒之官，取鰥寡而和合之；縱有其事，亦係出於婚姻之統制而然，固無禁乎行媒之存在；愆且疑其所云，以學者理想之成分居多也。現代學者或根據燕策周地賤媒云云，謂古所謂媒，皆官媒；私媒至周末，乃盛行，似不盡然。(註七三)蓋行媒亦近私媒，周末所盛行者乃私家職業媒耳。降至後世，一般之行媒結合兩姓，以事而起，非視爲業，此無論矣。其在官媒方面，於特殊情形中時亦設置：如三國志云『爲設媒官，始知嫁娶；』元史云『張復叔母孀居且瞽，丐食以活，呂思誠憐其貧，令爲媒互人以養之；』元典章並稱媒妁由地方長老，保送信實婦人，充官爲籍；皆官媒也。清各地方官遇發堂擇配之婦女，交充官役之婦人執行，稱曰官媒；同時各地方官鑒於管轄區內之貧女婢女，婚嫁爲難。由官代爲媒妁，殺禮以成其婚，亦曰官媒。其在私家職業婚方面，周末既已盛行，後世莫減其勢，類多由媼爲之，抱朴子云，『求媒媼之美談，』是晉時亦然。宋吳處厚青箱雜記云，『使媒婦通意，』媒而稱婦，與近世之媒婆云云，固無所異。現代，『媒妁之言』雖不成爲婚姻上之要件，然於定婚成婚之際，世俗仍必有所謂介紹人在，即純粹形式上之媒妁是也。

一、媒妁與禮制及其流弊：儀禮士昏禮云，『昏禮下達，納采用鴈；』註謂『將與彼合昏姻，必先使媒氏下通其言，女氏許之，乃後使人納其采擇之禮；……詩云「取妻如之何，非媒不得，」一必由媒交接，設紹介，皆所以遠廉恥；』禮制方面之重視媒妁，爲義可知。於是男女以行媒始相知名，無媒則亦不交；男方無媒不得其妻，女方無媒老且不嫁。魯桓會於嬴，成昏於齊，不由媒介自成其婚，史家遂以非禮貶之。齊襄曾通太史敫女，立爲王后，敫以『女不取媒，因而自嫁，非吾種也，汙吾世』罪之；而管子更有『自媒之女，醜而不信』之言矣。(註七四)迨至後世，胡致堂猶曰『女而自媒，求貞女者賤之；士而自薦者，求良士者輕之；』則在女子方面尤視媒妁之言爲重也。雖然，懷疑媒妁者古即有其人，而其流弊確亦甚深，不可稍諱。楚辭云，『苟中情之好修兮，何必用乎行媒？』已露反抗之端。燕策並載：『周地惡媒，爲其兩譽也，之男家曰女美，之女家曰男美，』宜乎世以『媒孽其短』是稱；蓋就其事而爲喻也。(註七五)宋有袁采並暢言曰：

『古人謂周人惡媒，以其言語反覆，紿女家則曰「男富，」紿男家則曰「女美；」近世尤甚。紿女家則曰「男家不求備禮，且助出嫁之資，」紿男家則厚許其所遷之賄，且虛指數目。若輕信其言而成婚，則責恨見欺，夫妻反目至於仳離者有之。大抵嫁娶固不可無媒，而媒者之言不可

盡信如此，宜謹察於始。」（世範睦親）

此種情形在公私職業媒方面益甚。宋以後亦然。其指引通姦，發生媒合容止之情形者，更無論矣。（註七六）

一、媒妁與法制及其責任：唐以前各律不可得而詳也。唐律已有『媒娉』用語，疏義亦曰『為婚之法必有行媒，』則視為法定條件也可知。且律言『諸嫁娶違律……媒人各減首罪二等，』疏義並稱『父母喪內為應嫁娶人，媒合從不應為重，杖八十，夫喪從輕，合笞四十；』則媒妁與主婚人又同負法律上之責任矣。宋刑統與唐律同。元、『凡媒人各使通曉不應成婚之例；』『諸男女婚姻，媒氏違例多索聘財及多娶媒利者，諭衆決遣；』而招召女壻入舍，依至元八年條例亦須明立媒妁婚書，視為婚姻之要件，則媒妁自亦有其責任之可言。明、清律，嫁娶違律亦治媒人之罪，惟因將婚書與私約區別之結果，有時或否認媒妁之必要；蓋以有媒妁通報寫立者為婚書，無媒妁，私下議約者為私約，而私約對於定婚亦屬有效故也。（註七七）民國成立後，前大理院認為私約仍須經媒人寫立，其報官立案者始稱婚書云。（註七八）

四　婚姻之程序問題

前已言之，定婚與成婚爲婚姻關係成立之兩主要程序。在定婚方面，唐、明各律固各有所規定，其事實頗與現代婚姻法上之所謂婚約相當；然律以明刑弼教爲目的，對於定婚之規定也，無非將禮之主要部分予以強制力而已，故其淵源不外「六禮」，苟昧乎禮制上之六禮關係，則此法制上之定婚問題，即無由明其原委。在成婚方面，係承「請期」「親迎」之儀式而續爲之，顧在往昔仍有成妻與成婦兩種節目之別，此其大較也。

（甲）禮制方面之六禮　古視婚姻意義深遠，禮儀遂以莊重爲尙，故意紆其進行之程序，藉示民情之不瀆，於是六禮興矣。六禮云何？納采、問名、納吉、納徵、請期、親迎是也。其詳如左：

一就六禮之沿革言：禮記昏義備述納采、問名、納吉、納徵、請期之節目，而書「父親醮子而命之迎」於其後；儀禮士昏禮記六禮儀注之文，亦斐然可觀；學者曾疑其創於周而備於漢也。（註七九）然無論如何，依大雅大明章云，「文定厥祥，親迎於渭，」則在文王之世，六禮已肇其端也可知。不過

『禮不下庶人，』『奔則爲妾，』『司男女之無夫家者而會之，』亦有不盡依六禮程序而爲之者矣。漢平帝元始三年詔劉歆等雜定婚禮，四輔公卿大夫博士郎吏家屬，皆可禮娶親迎立軺併馬；次年立皇后王氏，亦以納采卜吉及遣使持節奉迎終其事。(註八〇)漢以後，魏、晉、南北朝皇太子婚禮亦無親迎節目，餘皆與士庶人禮之節目同。惟自東漢迄於東晉往往因時屬艱難，歲遇良吉，急於嫁娶，權爲『拜時』之制，不特六禮悉捨，卽合巹之儀亦棄矣。(註八一)隋唐以後，皇太子始親迎，其餘帝室婚禮亦皆以六禮爲歸依；(註八二)惟士庶人方面，終以六禮程序煩重，於宋世卽加省略，宋史禮志云，『士庶人婚禮，幷問名於納采，幷請期於納成，』其所存者納采、納吉、納徵、親迎四禮是也。惟朱子家禮並將納吉刪去，蓋得吉卽送禮幣，不必於納徵以先，再有納吉之程序；故祇存三禮；後世學者或稱其簡便而合時宜，或稱其僅爲名稱之簡略，於實質上並無增減云。(註八三)元、較朱子家禮多議婚一目，實卽士昏禮所謂『昏禮下達』之義。明、洪武元年定制用朱子家禮，嘉靖十年並題准士庶婚禮，謂問名、納吉不行已久，止倣家禮納采、納幣、親迎等禮行之云云，是又重申洪武之令也。(註八四)淸、通禮所載，漢官自七品以上，禮別爲九，但係倂入成婦成壻之禮，而當於古代六禮者仍祇有五，議婚納采、納幣、請期，親迎是也。其他士庶人婚禮則較七品以上之禮爲殺。然禮非強制，俗或呈奇，一般情形雖莫離乎朱子家禮之範圍，而項目繁儀或則過之，不可執一而論也。至於現代新式嫁娶，至多僅有定婚與結婚兩儀式耳。

一、就六禮之內容言：所謂納采者，男方將欲與女方合婚姻，使媒氏下通其言，苟可有望，然後以鴈爲贄，正式行采擇之禮；而言納者以其始相采擇，恐女方不許，故云。實則乃一求婚之儀注，婚約中之要約是也。禮用鴈者，取其爲隨陽之鳥，妻從夫之義也。（註八五）北齊、自皇子王以下至於九品，用羔羊一口，鴈一隻，酒黍稷稻米麵各一斛，流外及庶人則半。（註八六）唐、納采有合巹、嘉禾、河膠、九子蒲、朱葦、雙石、綿絮、長命縷、乾漆九事；皆有詞。膠漆取其固，綿絮取其調柔，蒲葦爲心可屈可伸也，嘉禾分福也，雙石意在兩固也。宋諸王納妃，賜女家白金萬兩，敵門用羊二十口，酒二十壺，綵四十匹；士庶人無鴈奠者，三舍生聽用羊，庶人聽以雉及雞鶩代。（註八七）所謂問名者，納采之禮畢，「賓執鴈，請問名，主人許，賓入授如初禮」，蓋一使而兼行二禮之儀也。其所問者，不外女之所生母之姓名，及本身名次，並出生年月日時，歸以卜其吉凶耳。降至後世，帝王婚嫁仍採問名儀注。如明史禮志載天子納后，正使取納采制後，副使取問名制，宣曰「朕惟夫婦之道，大倫之本，正位乎內，必資名家，特遣使持節，以禮問名，尙佇來聞」而皇太子親王納妃，公主下嫁，亦皆以「將加卜筮」爲辭，問其名焉。士庶婚禮問名歸於納采，然宋時世俗之憑媒以「草帖子」通於男家，用而問卜；近世之憑媒請庚及探問，則仍有問名之遺意也。（註八八）所謂納吉者，於問名之後，「歸卜於廟得吉兆，復使使者往告，昏姻之事於是定，」故「納吉卽文定之說也，又謂之通書。」（註八九）以納云者，仍恐女家翻悔，遂有再爲申請之意耳。周時，亦用鴈如納采禮；宋、諸王納妃稱爲告吉，使曰「官占旣吉，奉制以告；」明、親王婚禮，納吉辭曰，「卜筮協從，使某告吉；」皆納吉之儀注。唐律所謂「報婚書，」卽納吉而女家答書許訖之謂；宋俗所謂「過細帖，」「相親，」「插釵，」皆屬其事，近世所謂「傳庚，」「定親，」「換帖，」均然，蓋正式訂約也。惟家禮則以之入於納徵中，乃指卜吉則隨之而納其幣矣。所謂納徵者「納聘財也；徵、成也；先納聘財而後婚成，春秋則謂之納幣；」或曰春秋文質，故稱納幣，或曰士禮與諸侯禮不同，於士曰納徵，於諸侯曰納幣；或又曰納幣以物言，納徵以義言，諸侯納徵以其幣多，故指幣云云。（註九〇）此猶言納者，納幣帛則婚禮成，復恐女家不受，更云納也。經此儀注，婚約完全成立，故曰「非受幣不交不親，』『幣必誠，』『無幣不相見』云。其聘財，庶人依禮而行，則錙帛五兩；士大夫玄纁束帛儷皮，諸侯加以大璋，天子加以穀圭；既有束帛可執，故不用鴈也。（註九一）漢聘皇后黃金二萬斤，爲錢二萬萬；一說，漢高后制，聘后黃金二百斤，馬十二匹，夫人金五十斤，馬四匹。魏、王取妃，公主嫁用絹百九十匹。晉、用絹三百匹；太康八年有司奏，大婚用玄纁束帛，加珪，馬二駟；王侯玄纁束帛，加璧，乘馬；大夫用玄纁束帛，加羊。北齊、納徵用玄纁束帛、大璋、獸皮、綿綵、絹、羔羊、羊、犢、酒、黍、稷、稻、米、麵等物，自皇子王以迄六品以下，各依其秩而增減之。唐、高宗下詔，三品以上納幣不得過絹三百匹，四品五品二百，六品七品百，八品以下不得過五十，悉爲婦裝。（註九二）其律之所謂受聘財，卽指此類之事。宋、因諱，改納徵爲納成或納財，司馬書儀，遂曰納幣，通禮因之。親王納財，金器百兩，綵千匹，錢五十萬，錦綺綾羅絹各三百匹，銷金繡畫衣十襲……馬二十匹，羊五十口……等物甚多，室宗子遠族子遞減之。民間，以備金釧、金鋌、金帔墜『送聘』者爲常，其送官會鋃鋌者，謂之『下財禮。』元亦稱曰下財，今陝西猶存此名；近代所謂下禮、過定等稱，亦其事也。所謂請期者，男家使人請女家以婚時之期。何必請?男家不敢自專，執謙敬之辭，故云請也。儀禮士昏禮云，『請期用鴈，主人辭，賓許告期，如納徵禮；』蓋以陽倡陰和，期日宜由夫家諏吉具書以告，故主人辭而卽告之也。後世，請期一變而為告期，如明史禮志載皇太子納妃，『請期，辭曰「詢於龜筮，某月某日吉，制使某告期；」』主婚者曰「敢不承命！」』陳禮奠鴈如儀，』卽其例也。民間，則由男女雙方共擇日期，送一期帖於女家正式通知之而已！所謂親迎者，謂壻承父命而至女家迎婦，既奠鴈，出御婦車，而壻授綏御輪三周，先歸俟于門外，婦至，壻揖婦以入云云，簡言之，卽壻於昏時親往女家迎婦而歸是也。文王迎於渭，韓侯迎於蹶，皆親迎之實例；故春秋隱二年『紀履綸來逆女，』公羊說以始不親迎為譏；桓三年『公子翬如齊逆女，』穀梁說以『逆女親者也，使大夫非正也』是貶：可知其重視親迎矣。惟天子親迎與否，左氏與公羊不同，左氏以天子至尊無敵，無親迎之禮，公羊反之。（註九三）漢高祖時，皇太子納妃，叔孫通制禮，以為天子無親迎，從左氏義也。後世帝王概無親迎，皇太子則於隋唐以後行之。惟在近世，民間每以親迎費奢，娶婦時恆以壻之名帖持赴女家以迎，迨婦與抵門，始出而親迎之也。

（乙）法制方面之婚約　依禮而言，婚姻由納吉而定，由納徵而成，故在律之方面亦以交換婚書或收受聘財為婚約成立要件。此種婚約既蟬蛻於六禮，其性質乃婚姻行為之一部，固非準備，亦非預約，蓋由是卽取得一定之身分，而可以強制履行其約，與今不同。(註九四)其詳如左：

一、就婚約之成立言：古律散佚，多不可考，於晉僅知其『崇嫁娶之要，以下娉爲正，不理私約』而已！唐律謂當婚約者爲許婚之書，卽許嫁女已報婚書是；蓋女家已承諾納采問名而又爲納吉之答也。又、夫身老幼疾殘養庶之類，亦須先知，是曰私約；惟富貴貧賤隨時而變，不入其內。雖無許婚之書，但受娉財亦是，娉財無多少之限，卽受一尺以上亦然；酒食爲供設親賓，所送雖多不同娉財之限；若送財物以當酒食，不限多少，亦同娉財，蓋聘則爲妻，但受娉財卽係許諾也。觀於白居易判文中，『婚書未立，徒引以爲辭；娉財已交，亦悔而無及』云云，可知之矣。(註九五)明清律，『凡男女定婚之初，或殘疾、老幼、庶出、過繼、乞養者，務必兩家明白通知，各從所願；不願卽止，願者與媒妁寫立婚書，依禮而行嫁娶；』如不依媒妁通報，由男女主婚人私將議約記載於婚書者，則以私約稱之，與但曾受聘財者同爲有效云。

一、就婚約之效力言：此種婚約係保障納吉、納徵之效力而設，且女子許嫁，依禮卽有從人之端，著之以纓，明其有繫；故不許其反悔，更不能再與他人定婚或成婚。依唐律，諸許嫁女已報婚書及有私約，或但受娉財而輒悔者，杖六十，婚仍如約；然男家自悔者竟無罪僅不追聘財而已！若女方悔約更許他人者，則杖一百，已成者徒一年半，後娶者知情減一等，女歸前夫；前夫不娶，還娉財，後夫婚如法。元、悔約者笞三十七，男家悔者不坐，不追聘財；更許他人者笞四十七，已成婚者五十七，女歸前夫，惟已生有子女者，則有追還聘財與前夫別娶之例。明、清律，女家悔者，主婚人笞五十，女歸本夫；再許他人者杖七十，已成婚者杖八十，後定娶者知情與女家同罪，財禮入官，不知者不坐，追還財禮，女歸前夫。前夫不願者倍追財禮給還，其女仍從後夫。男家悔而再聘者，罪亦如之，仍令娶前女，後聘聽其別嫁，以罪不在女家，故不追財禮；若夫男家再聘而已娶者，則後娶之女既已失身無所歸着，惟有聽原聘者另嫁耳。

一、就婚約之解除言：往昔雖視婚約締結，卽具有履行成婚之義務，然遇一定之原因存在，仍可於中途解除之。除上述之一女數許及其他情形外，茲擇其原因之要者論焉。妄冒是否可以解除婚約？據唐律云，『諸爲婚而女家妄冒者徒一年，男家妄冒者加一等；未成者依本約，已成者離之；』是未成者仍依原定，已成者始離之，律文意義僅得其概。明清律均有妄冒之條，註更詳明其事。卽，爲婚而女家妄冒之事，如女有殘疾卻令姊妹妄冒相見，後卻以殘疾女成婚之類，主婚人杖八十，追還財禮；男家妄冒之事，如與親男定婚卻與義男成婚之類，因其往往致女失身，故罪加一等，不追財禮。未成婚者仍依原定，卽與妄冒相見之人爲婚，從所願也；蓋雖非解約而約之內容變矣。倘妄冒相見之人另有聘娶，自應別爲婚配；與夫『已成婚者離異』其目的爲『不得因已成婚，卽聽完聚，而遂姦僞之願』蓋卽解除婚約之例矣。犯罪是否可以解除婚約？唐律無規定。元、『諸女子已許嫁而未成婚者，其夫家犯叛逆應沒入者，若其夫爲盜及犯流遠者，皆聽改嫁；……諸男女旣定婚，其女犯姦事覺，夫家欲棄則追還聘財，不棄則減半成婚……』是許其解除婚約也。明、清律，婚約不許反悔，但『其未成婚男女有犯姦盜者，不用此律』卽『男子有犯，聽女別嫁，女子有犯，聽男別娶』旣不在無故悔婚之限，卽婚約之可以解除也。（註九六）延期是否可以解除婚約？唐律，『期要未至而強娶，及期要至而女家故違者，各杖一百』此不過保障禮制上『請期』之效力，明、清律亦有規定，與延期不娶之情形異也。元始規定『五年無故不娶者，有司給據改嫁；』明因之。清律附例中並詳之曰，『凡期約已至五年，無故不娶，及夫逃亡三年不還者，經告官給照，並聽別行改嫁，不追財禮。』此種情形之解約實亦應有者也。

（丙）結婚方面之儀文　六禮始於納采，終於親迎，成妻之儀卽以親迎開其端，成婦等儀又隨而舉之；後世泛稱爲結婚儀式是也。雖昏義所述，士昏禮所記，已立標準於往昔而朱子家禮所示，亦成規範於後世；但歷代之因時損益，各地之依俗變易，殊無由統一其事。今，我民法稱曰，「結婚，應有公開之儀式及二人以上之證人」（註九七）蓋六禮雖廢，結婚儀注仍難劃整，不得已而爲此概括之規定耳。是故關於此一問題，亦惟擇其犖犖大者略述數端而已！

一、就成妻之儀而言：據禮記曾子問，娶女有吉日，壻或女死，相爲服喪，旣葬而除之；後世所謂「聘妻」及「女身守志」云云，皆由其義而演變者，是納徵以後，卽已成立夫妻之關係矣。然夫妻之名確定，仍須經過正式儀注，卽夫於昏時，親迎女歸以後，

「共牢而食，合巹而酳，所以合體，同尊卑，以親之也。」（禮記昏義）

後世成妻之儀一本於此，故無論如何繁冗，而壻迎婦出輿，升堂交拜，而後歸房，行交盃共食之禮，究爲要端，莫能更易也。（註九八）惟在周時，重視親迎，爲制或涉靡侈；但旣視婚禮爲陰禮，於是婚禮不用

樂，以示幽陰之義，婚禮不賀人之序也，則迎娶而歸之嘗夕，一切必從儉焉。降而至漢，嫁娶者，車騈數里，緹帷竟道，騎奴侍僮，夾轂並引；富者競欲相過，貧者恥其不逮，富者空減，貧者稱貸，嫁娶奢靡固不僅趙地爲然。(註九九)而宣帝時，並以郡國二千石禁民嫁娶，不得酒食相賀，認爲令民無所樂，非所以導民也；遂詔「勿行苛政」而解之，至是迎娶婚賀皆奢於古矣。以後各帝雖對僭侈過制及紛華靡麗之嫁娶屢有禁詔，其習已深，終莫能革。(註一〇〇)惟晉武帝之立皇后楊氏，成帝之拜皇后杜氏，羣臣畢賀，時認失禮。迨至穆帝升平元年納何后，太常王彪之定禮，始依「娶婦之家三日不舉樂」之訓，不復賀；八年博士胡訥議迎皇后大駕宜設鼓吹而不作；永和二年王述議納后，主三日之後自當樂，三日之內不應賀；皆依古禮以求其合。然在「俗間，既有戲婦之法，於稠衆之中，親屬之前，問以醜言，責以慢對，其爲鄙黷，不可忍論；」其有賀既共慶之事明矣。他如阮修素貧，年超四十不娶，王敦等斂錢爲婚，則婚禮之一般奢侈，更可推知。(註一〇一)南朝，「六門之外有別館，以爲諸王冠昏之所，名曰昏第」，此其異於古者。顧婚俗浮麗，歷茲永久，「同牢之費華泰尤甚；膳羞方丈，有過王侯，富者扇其驕風，貧者恥躬不逮；或有供帳未具，動致推遷，」「乃至班白不婚；」故齊武帝以「合卺之禮無虧，寧儉之義斯在』教之也。（註一〇二）北朝，魏孝文帝既有奢婚之禁，臨淮王孝友亦以『共食合瓢，足以成禮，而今之富者彌奢，同牢之設，甚於祭槃』為不可。其實在孝文帝以前，諸王納妃皆樂部給伎，以為嬉戲，而對於細民則早禁止，此高允所以認為異也。（註一〇三）其在北齊，俗並有婚夕弄女壻法，段昭儀之兄妻元氏，以是觸文宣怒，可證也；其在北周，牢巹之費仍罄竭資財，武帝曾詔禁之，可證也。（註一〇四）唐、太宗時，韋挺上疏，謂『今昏嫁之初，雜奏絲竹，以窮宴歡，官司習俗，弗為條禁；』睿宗時，唐紹上疏，稱『往者下俚庸鄙，時有障車，邀其酒食，以為戲樂；近日此風轉盛，上及王公，乃廣奏音樂，多集徒侶，遮擁道路，留滯淹時，邀致財物，動踰萬計；』故太極元年既為障車之禁，建中會昌間復有婚娶家音樂并公私局會花燭並宜禁斷之勅。他如永州民俗，婚日出財會賓客曰破酒，晝夜集，多至數百人，貧者猶數十，力不足，則不娶；韋宙力謀革之，非無故也。（註一〇五）宋、民間婚娶仍涉於侈，樂官伎女茶酒諸役皆備，其儀名色亦多；而元祐大婚，呂正獻公當國，執議不用樂；宣仁云『尋常人家娶個新婦，尚點幾個樂人，如何官家卻不得用？』雖古禮莫之遵也。（註一〇六）明、清嘗亦同然，不必縷舉。即在現代，婚娶競尚奢靡，猶恆見之，雖以集團結婚從儉為旨，然私自破酒歡會，仍不免焉。非然者，則僅發柬爲知，或登報以告，是又矯枉過正，於法不合矣。

一、就成婦之儀而言：往昔視婚姻爲合二姓之好，故成婦之目的重於成妻之目的。據公羊宣元年，女至其國不稱夫人而稱婦者，有姑之辭也；似於親迎而歸之途中，即已成婦，實則成婦一如成妻雖可溯及於先，仍須經過一定之儀式始確定也。儀禮士昏禮所謂：

『夙興，婦沐浴，纚笄宵衣以俟見，質明贊見婦于舅姑……若舅姑既沒，則婦入三月乃奠菜。』

且無論舅姑存沒與否，亦須三月始能助祭，『婦入三月然後祭行，』即指此。是故『三月而廟見，稱來婦也；擇日而登於禰，成婦之義也；』女未廟見而死，則『不遷於祖，不祔於皇姑，……歸葬於女氏之黨，示未成婦也。』試觀夫家反馬必在三月廟見之後，示夫婦之情既固，與之偕老，不復歸，則女家原留之馬，備女被棄乘之以歸，自無所用而反之，即可知矣。惟鄭康成則以舅姑若在，即於當夕同牢之明日，謁見舅姑後遂成婦云。（註一〇七）魏晉之間，俗有『拜時，』先拜舅姑，即成婦道，其後再行迎娶，故或稱其不得與娶婦者同。尚有所謂『三日婦』，即先成婚而未拜舅姑，言同牢共衾已三日也；山濤謂拜時重於三日，以拜時已成爲婦也。其實『初婚三日，婦見舅姑，』乃當時之通例也。（註一〇八）

唐、公主下嫁，翌晨亦行拜舅姑之禮，其在民間，臘月娶婦，不見姑；且俗忌，以子午卯酉年謂之當梁年，其年娶婦，舅姑不相見，顏眞卿等奏請禁之，從。（註一〇九）宋、初士大夫之子有尙帝女者，輒皆升行，以避舅姑之尊；神宗不以爲然，詔公主下嫁者行見舅姑禮，亦於翌晨爲之；遂以爲例。其在民間，則交拜合巹等禮以後，新人換妝畢，詣中堂行參謝禮，謁見外舅姑禮，兩姓敍親禮，然後入筵，以終其儀，婦對舅姑當非翌晨始見也。惟據朱子家禮三日見婦於祠堂，或祭行廟見之義也。元與朱子家禮同。（註一一〇）明帝王婚嫁均依古禮，翌日見舅姑，洪武三年令庶人婚禮於親迎之明日，即行見祖禰及見舅姑之禮。清與明同，漢官七品以上之九禮，所謂「六、婦見舅姑；七、婦盥饋舅姑饗婦；八、廟見」三禮，即成婦之儀也。惟在習俗方面，或於三日以「拜大小」示其成婦；或以告祖、合巹、謁見舅姑，行於同日，亦非一致。（註一一一）至於成壻之儀，於親迎而至女家，似即具其性質，以後正式謁見，乃其續也。清七品以上之九禮，最後爲「九、壻見婦父母」，即指其事而言。俗，娶婦翌日，婦歸其家，壻隨後而往，謁拜婦父母及其戚親，稱曰「回門」；今，關中有此習，愚曾行之。此外，尙有致女之儀、餪女之儀，事甚繁瑣，從畧。

(註一)公羊僖九年『婦人許嫁，笄而字之』；禮記雜記『女雖未許嫁，年二十而笄，禮之，』皆是。

(註二)參照唐律許嫁女報婚書條，元史刑法志月婚許嫁各條。

(註三)見趙鳳喈中國婦女在法律上之地位，第三三頁。

(註四)參照中華法學雜誌第三卷第八號廖維勳譯日本東川德治中國法制史中國法裏婚姻之預約一節。

(註五)參照胡長清譯栗生武夫婚姻法之近代化第二八—三〇頁。

(註六)參照民法第四編親屬第九七四條及第九八一條。

(註七)見宇文懋昭大金國志卷三九。

(註八)見司馬溫公家範，大學衍義補卷五十亦引其說。

(註九)參照張紳中國婚姻法綜論第三九頁註一一。

(註一〇)見婦女雜誌第十四卷第七號倪象乾無愛的婚嫁情形。

(註一一)曲禮、周禮媒氏、尚書大傳、穀梁文十二年傳文、左襄九年傳文皆同。

(註一二)見孔子家語本命篇哀公與孔子問答，並參照素問女子二七而天癸至云云。

(註一三)並參照周禮地官媒氏注疏。

(註一四)見節用篇及外儲說右下。

(註一五)見越語及春秋外傳。

(註一六)參照漢書惠帝紀注。

（註一七）見漢書外戚傳及班昭女誡序。

（註一八）見晉書武帝紀及烈女傳。

（註一九）見南史后妃傳北史高允傳及魏書各該帝紀與后妃傳。

（註二〇）見中國婦女生活史第六六頁。

（註二一）見周書武帝紀。

（註二二）參照唐會要嫁娶及唐書食貨志。

（註二三）參照章嶔中華通史第四册第一一一一頁及中國婦女在法律上之地位第三九頁。

（註二四）見新元史后妃傳並參照元史列女傳。

（註二五）參照南京中央日報二十五年六月七日所載梁漱溟所擬禁止早婚辦法。

（註二六）語見大清通禮卷十六及禮記禮運。

（註二七）參照穀梁文十二年注譏周云云及詩摽有梅疏。

（註二八）見易大過九二、九五。

（註二九）參照晉書明史后妃傳。

（註三〇）參證俞樾右台仙館筆記河南某奇案，司法行政部山東各縣習慣調查錄，陝西渭北一帶亦有此俗。

（註三一）見中國婚姻制度小史第六頁。

（註三二）參照婚姻法之近代化譯本第一〇——一三頁。

（註三三）語見魏書高祖紀及御覽引禮外傳。

（註三四）參照本文第一章第三節。

（註三五）詳見中國古代婚姻史第三三—三六頁。

（註三六）見左莊二十八年、僖二十三年、昭元年、哀十二年及論語述而章。

（註三七）見賓籌文存卷一刪除同姓爲婚律。

（註三八）參照杜佑通典卷六〇，陔餘叢考及中國法律發達史第二三二頁。

（註三九）見魏書高祖紀太和七年十有二月詔。

（註四〇）參照商務本唐律疏義第三册第一頁。

（註四一）見金史太祖紀及元典章戶部四婚禮門。

（註四二）前大理院上字第一〇九三號判決，統字第一九〇九號解釋及民法第九八三條。

（註四三）蜀志穆皇后傳及注引習鑿齒云云。

（註四四）見杜佑通典卷六十。

（註四五）參照廿二史劄記卷三婚娶不論行輩。

（註四六）見中國法律發達史第二九二頁及魏書后妃傳。

（註四七）參照法律大辭書尊卑爲婚條。

（註四八）參照胡長清中國婚姻法論第八八頁註三十一。

（註四九）參照漢書、宋書、梁書后妃傳，新唐書公主傳及中國法律發達史第六二九頁。

（註五〇）參照金史太宗紀，明史刑法志，及淸律卷九尊卑爲婚條輯註。

（註五一）參照程樹德九朝律考第一四〇頁。

（註五二）魏書文成帝紀和平四年詔及九朝律考第四四三頁。

（註五三）參照陶希望婚姻與家族第七二—七六頁。

（註五四）見遼史聖宗紀、金史刑法志及元史刑法志。

（註五五）見燕翼貽謀錄、金國志熙宗紀及元史刑法志。

（註五六）民法第九八六條及第九九三條。

（註五七）周禁喪婚，詳中國古代婚姻史第四二—四四頁。

（註五八）參照九朝律考第一四〇頁及中國法律發達史第一二七頁。

（註五九）參照晉書劉隗傳、石勒載記及北史庫狄士文傳。

（註六〇）見御覽卷六百四十。

（註六一）見晉書后妃傳、吳志引江表傳及金史后妃傳。

（註六二）公羊隱三年及桓八年傳文。

（註六三）左隱二年疏。

（註六四）參照儀禮士昏禮記士昏禮一節及法制論叢陶彙曾理論上之宗法第二六一、第三〇七頁。

（註六五）史記『公叔相魏，尙魏公主，』並參照漢書高祖紀顏師古注及王吉傳注，明史禮志九。

（註六六）參照新唐書禮樂志第八。

（註六七）見遼史公主表、聖宗紀四及國語解。

（註六八）參照徐朝陽中國親屬法溯源第一〇〇——一〇二頁。

（註六九）清刑部現行則例偷嫁女兒條及清律禁革買賣人口條例四。

（註七〇）參照淸律婚姻篇總註及逐壻嫁女條註。

（註七一）見周禮媒氏注，說文集韻媒字條及妁字條，孟子滕文公下。

（註七二）參照中國古代婚姻史第七〇——七一頁。

（註七三）見程樹德中國法制史第一四九頁註三。

（註七四）見曲禮、坊記、齊風南山篇、戰國策燕策、左桓三年注及史記田敬仲完世家。

（註七五）語見前漢書司馬遷傳，顏師古注曰，『媒如媒妁之媒孽如麴孽之孽』。

（註七六）媒合容止之罰，見明清律犯姦篇。

（註七七）參照中國婦女在法律上之地位第三六頁。

（註七八）二年上字第二一五號。

（註七九）參照中國婦女生活史第二四頁、第三〇頁。

（註八〇）參照漢書平帝紀及王后傳。

（註八一）詳見通典。
（註八二）參照宋史禮志十八及明史禮志九。
（註八三）見汪右衡朱子家禮注及陳鳴盛家禮目式。
（註八四）見元典章婚姻禮制條，明史禮志庶人婚禮條，並參照大明集禮。
（註八五）參照儀禮士昏禮「昏禮下達納采用雁」注疏及禮記昏義疏引白虎通云。
（註八六）見隋書禮志。又古時，除納徵外，五禮皆用雁；北齊除納徵外，五禮亦用同一禮物。
（註八七）見段成式酉陽雜俎卷一及宋史禮志十八。
（註八八）參照吳自牧夢粱錄卷二十及中國婦女生活史第三九九頁。
（註八九）語見士昏禮注及陳氏禮書。
（註九〇）見禮記昏禮雜記、春秋傳……註疏。
（註九一）註見曲禮、郊特牲、坊記；並參照周禮媒氏，儀禮士昏禮及疏，周禮春官及疏。
（註九二）見漢書王莽傳，晉書禮志下，隋書禮儀志四及唐書高儉傳。
（註九三）參照禮記哀公問疏及中國古代婚姻史第七二—七六頁。
（註九四）參照中國婚姻法綜論第四四—四五頁，中華法學雜誌三卷八號第七二頁及陶著民法親屬第三六頁。
（註九五）見晉書刑法志，並參照唐律疏義卷十三，及長慶集卷四十九。

（註九六）見元史刑法志戶婚及明清律男女婚姻條文註。

（註九七）民法第九八二條

（註九八）參照朱子家禮結婚之儀式及夢粱錄卷二十。

（註九九）參照潛夫論浮侈篇，鹽鐵論國疾篇及漢書地理志。

（註一〇〇）漢書宣帝紀五鳳二年八月詔，成帝紀永始四年詔；後漢書章帝紀建初二年詔，安帝紀元初五年詔。

（註一〇一）參照晉書禮志下，抱朴子疾謬篇及晉書阮修傳。

（註一〇二）見南史及南齊書武帝紀永明七年四月十月兩詔。

（註一〇三）見魏書高祖紀太和二年五月詔，北史臨淮王傳及高允傳。

（註一〇四）見北史文宣皇后附段昭儀傳，周書武帝紀上。

（註一〇五）見唐書韋挺傳，韋宙傳及唐會要卷八十三嫁娶。

（註一〇六）參照夢粱錄卷二十及周煇清波雜誌卷一。

（註一〇七）見禮記曾子問及注，並參照左宣十年傳文及疏。

（註一〇八）參照通典卷五十九，梁書徐摛傳。

（註一〇九）參照唐書禮樂志第八，酉陽雜俎卷一及通典卷五十八。

（註一一〇）參照宋史禮志十八公主下降儀，夢粱錄卷二十，元典章卷三十。

（註一一一）參照明史禮志九，大明會典卷七十一及中華通史第一五〇二頁。

第五章　婚姻效力

今日視婚姻爲男女個人之事，故婚姻一旦成立，其所發生之效力，涉及『姻親』與『家』方面者誠有，而究以夫妻之身分關係及財產關係爲主。往昔則不然：旣以夫妻爲一體，使妻無獨立人格之存在，復以此『一體』納入家族組織之下，使夫妻之同居財產等問題，皆家族化，不能純然擬爲配偶關係矣。蓋個體時代之婚姻與家族時代之婚姻，爲義旣非一致，則婚姻效力所及之方面，自亦異其輕重，不可依今以論古也。茲仍分爲配偶關係、姻親關係及家族關係三端，列其事綱，細目則不必求與現代法適合，就史言史，無可如何者耳。

一　婚姻與配偶關係

無論個體時代或家族時代，婚姻之首一效力，不外使男之一方因婚姻而取得夫之身分，女之一方因婚姻而取得妻之身分；往昔並有僅取得妾之身分者，所謂『有男女然後有夫婦』是也。此種關係除涉及家族問題另及外，其情形依然複雜，可併爲左列各問題述焉。

（甲）夫婦之地位問題　因婚姻而發生之男女配合關係，如祇客觀地稱此配合事實，往昔已有用語種種：或稱曰妃，曰耦，曰儷；或稱曰妃耦，曰匹耦，曰配耦；或稱曰伉儷，曰合偶，曰配偶；皆有相敵之義，未含男尊女卑及夫剛婦柔之觀念於內，似夫婦地位頗平等也。（註一）然如專就主觀方面論夫婦之地位，則伉、敵、儷、並云云，皆虛語矣。即以『夫婦』用語爲證，已充分表示夫婦地位差等之意義；雖『夫妻』用語比較近於平等，但係另有所指，亦非眞平等也。

何以言『夫婦』用語充分表示夫婦地位之差等？說者固謂夫婦之本義爲『抱負，』老子『萬物負陰而抱陽，』猶言婦陰而夫陽，抱負即今言正負，各得體之半而互相依附，其後引伸爲伴侶；則夫婦用語之初義未嘗不平等云。（註二）然依經籍之通常意義而言，『夫』字爲男子之通稱，轉而用爲對婦對妻之稱，在字義上誠未含有特殊的差等之意，顧『婦』字之含有卑下意義，則亦莫能否認；於是對『婦』言『夫，』則差等地位見矣。蓋說文云，『婦、服也；』彙苑云，『未嫁謂之女，已嫁謂之婦；』公羊傳云，『其稱婦何？有姑之辭也。』（註三）則『婦』字之始用也，或係對於舅姑而主稱之觀於內則所謂『婦事舅姑，如事父母，』其處於屈服之地位甚顯。因社會上已視一般女子之地位低於男子，遂又泛稱一切女子，如謂『女子者，言如男子之教而長其義理者，故謂婦人；』『婦人有三從之義，無專用之道，故未嫁從父，既嫁從夫，夫死從子，』皆以『婦人伏於人者也』爲解，（註四）如此男尊女卑之社會，獨謂婦對於夫，初含有平等意義，當不盡然。且依禮記郊特牲云，『……出乎大門而先男帥女，女從男，夫婦之義由此始也；婦人從人者也，幼從父兄，嫁從夫，夫死從子；夫也者夫也，夫也者以知帥人者也，』則夫婦地位差等可知。故曰：

『夫者扶也，以道扶接；婦者服也，以禮屈服。』（白虎通）

曲禮謂『天子有后，有夫人，有世婦，有嬪，有妻，有妾；』世婦地位高於妻，但仍加一世字始顯其貴，卽因『婦，服也言其進以服事君子也，以其猶貴，故加以世言之，』稱『婦』而示其地位卑下於『夫』，更瞭然矣。

何以言『夫妻』用語仍非指示夫婦地位之平等？妻在古昔，或爲配偶中女方之通稱，詩『刑于寡妻』是；或特有其指，曲禮『公侯有夫人……有妻有妾』是。然無論如何，妻皆有『齊』義。白虎通云，『妻者齊也，與夫齊體，自天子至庶人，其義一也；』禮記內則鄭注云，『妻之言齊也，以禮見問，得與夫敵體也；』而妻之古字為『𡜊』為『𡚸』；『𠀐』卽『貴』字，乃貴女之意，亦不失齊同之義。顧在古籍中『夫婦』用語既廣於『夫妻』，而社會上又一般地視男尊而女卑，則所謂『妻，婦與己齊者也』等類之辭，必非指夫婦地位之平等也可知。愚以為『妻』之言『齊』言『貴婦』當係因妾而生之義，離妾而言，則妻亦卑矣。如云『取妻不取同姓，故買妾不知其姓則卜之；』如云，『聘則為妻，奔則為妾，』皆妻妾對稱。其單獨稱妻者，亦往往與婚禮有關，如云，『取妻如之何？非媒不得；』如云，『妻也者親之主也；』蓋嫁必依禮，不以買，不以奔，有異於妾，遂以妻稱也。（註五）故謂『妻者齊也，與夫齊體，妾者接也，僅得與夫接見，貴賤有分，不可紊也；』（註六）實係妻妾之比較結果而生齊同之義。若夫對夫而專言之，則

『壹與之齊，終身不改，故夫死不嫁；男子親迎，男先於女，剛柔之義也，天先乎地，君先乎臣，其義一也。』（禮記郊特牲）

雖曰齊同，地位仍卑也。觀於甲骨文，妻妾等字從女，皆象人長跪，妻亦有卑下之義頗顯；（註七）而儀禮喪服傳曰，『夫者妻之天也，婦人不貳斬者，猶曰不貳天也；』鄭玄注曲禮『祭夫曰皇辟』曰，『皇、君也，……辟、法也，妻所取法也；』則對夫而言，『妻』與『婦』之爲義殊無多別。故夫妻云者，祇能謂在妻妾比較上多少含有平等意義，非眞與夫平等也；惟今日我民法之稱『夫妻』云者，當係就其表面上對等地位之『齊』言耳。

（乙）夫婦之一體問題　儀禮喪服傳曰，『……夫妻一體也，……夫妻牉合也；』周禮亦謂『媒氏掌萬民之判，』注稱『判，半也，得耦爲合，主合其半，成夫婦也；』乃係採夫婦一體主義者。此係將妻之人格爲夫之人格所吸收，使失其獨立存在，遂致與今日我民法所採之夫婦別體主義，使雙方雖在婚姻關係中，仍各互有獨立人格，大異其趣。（註八）妻既無獨立存在之人格，一皆依夫定其分際；不僅夫屬父道者妻皆母道，夫屬子道者妻皆婦道，抑且『嫁雞正爾隨雞飛，』（註九）與配偶同其榮共其辱矣。此在另一意義上，或認爲同榮辱乃夫婦之分所應爾，其實損害女子之獨立地位則亦甚也！

何以言同其榮耶？此因婚嫁而享特權之謂也。試以爵位而論，郊特牲云，「共牢而食，同尊卑也，故婦人無爵，從夫之爵，坐以夫之齒；」雜記云，「凡婦人無爵，從其夫之爵位；」故夫爲天子，妻卽后，夫爲諸侯，妻卽夫人，夫爲大夫，則妻爲命婦；蓋基於婦人無專制之義，生禮死事，以夫爲尊卑耳。雖秦違古法，婦人始獨有爵位邑號，然泰半由於夫與子之關係乃能如是。（註一〇）其直接因夫之關係而然者，漢時列侯之妻稱夫人，魏晉顯宦多授爵，其妻從夫之爵而稱夫人或曰君；唐、外命婦中，一品及國公之妻稱國夫人，三品以上稱郡夫人，其下依郡君、縣君、鄉君等號而遞降；宋、於郡夫人以下，有淑人、碩人、令人、恭人、宜人、安人、孺人等稱；元參唐、宋之制，婦人封號有七；明、一品二品之妻皆稱夫人，清、一品則特稱一品夫人，二品僅稱夫人，其餘自三品至七品，明、清同爲淑人、恭人、宜人、安人、孺人之稱。再以訟案而論，周禮云，「凡命夫命婦不躬坐獄訟；」爲恐獄吏褻尊，所以貴貴也，雖命婦亦與命夫同焉。唐因周之八辟，於律設八議之目，則妻犯罪而因夫之關係入於八議者正自不少；其合於減章贖章者更夥也。（註一一）是故命婦階級因夫之貴卽隨同而享有種種特權矣。雖然，禮法之課於命婦者，正因是而增多；如隋開皇十六年詔九品以上妻，五品以上妾，夫亡不得改嫁；遼開泰六年禁命婦再醮；元至大四年尚書省奏准命婦於夫死後，不得再嫁；與夫命婦遇賊，依禮更須殉節，皆往昔所視爲同榮之當然結果也。(註一二)

何以言共其辱耶？此因婚嫁而受牽累之謂也。孥戮族誅，秦有其事，外姓女子以妻之資格入家者，卽不免與夫同受其誅。漢雖數度廢除，然大逆不道，妻與父母子同產皆棄市，卽妾亦然。惟如失去妻妾之身分，則或可免株連；哀帝時，淳于長坐大逆廷臣對其小妻乃始等之連坐曾起爭議，後卒得免者，卽因事前更嫁，其義已絕故耳。曹魏女雖免其嬰戮於二門，而「既醮之婦從夫家之戮」則亦著爲律令。晉明帝時，三族刑始不及婦人，其後謀反大逆，妻妾雖坐，大都不至於死。然在唐時，常樂公主以趙瓌之故被殺，北景公主以柴令武之故賜死，因夫而受誅，雖貴爲公主，有時竟亦有所不免。(註一三)次於誅者，則或沒入爲官奴婢，於漢有之；(註一四)或用以補兵，魏、晉然也。(註一五)南朝，妻妾多補奚官爲奴婢，北朝，妻妾多配舂，配掖庭。(註一六)唐律，謀反大逆者斬，妻妾沒官，如謀反情輕，則妻妾流三千里。宋同。遼則妻子沒入官或沒爲着帳戶，或沒入掖庭，或外賜臣下家爲奴婢。元至元二十年，對於揭發匿名書告事者，給以犯人妻子；私造酒者配役，財產妻子入官，與古爲同。然文宗卽位，以古者罪人不孥，既籍家貲，又役妻子，實非所宜，遂詔罪人妻子勿役，止及一身。至於夫僞造寶鈔者，妻原不坐，而婦人爲盜，再犯始幷坐其夫；則其對於夫婦之對等地位及獨立人格，尙稍承認。（註一七）明、夫配邊軍，妻妾隨之；淸、妻妾入官以及與夫一同發遣之例，仍時有焉。他如自唐以降，凡奴之妻子往往亦任主家支配，此又因婚嫁而與夫共其辱者。因夫婦之一體共辱，故夫婦得相爲隱，漢宣帝曾詔妻匿夫勿坐，夫匿妻殊死皆上請廷尉以聞；後世各律均承認親屬相爲隱，則夫婦相匿，更係當然。（註一八）

（丙）夫婦之順從問題　夫婦生而偕老，死而同穴，理之所在，互爲順從，原無不可也。惜乎往昔不僅以夫義而婦聽，夫和而妻柔爲訓，抑且片面課妻妾以順從之責；反之，在特殊情形中婦悍而夫順者，則又羣情駭然，視爲異態，其不平等也甚矣！（註一九）

何以言視女順爲其責任？女有三從之義，除儀禮喪服傳及禮記郊特牲所述者外，穀梁傳亦曰：『婦人……從人者也；婦人在家制於父，既嫁制於夫，夫死從長子；婦人不專行，必有從也。』（註二〇）既嫁制於夫，不外因嫁而易其從父之道爲從夫之道；故『女子既嫁曰婦，婦之言服也，服事於夫也，』於是『父者子之天也，夫者妻之天也，』遂爲天經地義，而孟子亦有『無違夫子』之言矣。至於妾，無妻之齊，以夫爲君，則其順從更無待論。(註二一)漢時，班固既主『夫爲妻綱，』故『夫有惡行，妻不得去者，地無去天之義也；』其妹班昭又稱『夫者天也，天固不可逃，夫固不可違也；行違神祇，天則罰之，禮義有愆，夫則薄之；』宜乎妻亦稱夫曰君，而自稱爲妾也。(註二二)惟北齊顏之推曰：『夫不義則婦不順矣；……夫義而婦陵，則天之凶民，乃刑戮之所攝，非訓導之所移也，』持論尚稱得其平。唐孔穎達謂『夫子須制斷事宜，不可專貞從唱，』雖係解經，亦見其意。宋儒家極力發揮易禮『夫子制義，從婦凶』等等觀念，婦順益爲必要。張載曰，『婦道之常，順爲厥正；』程伊川曰，『男牽欲而失其剛，婦狃說而忘其順，則凶而無所利矣，』即可知也。(註二三)降而至明仁孝文皇后撰內訓亦自認『婦人善德，柔順貞靜，樂乎和平，無忿戾也；』『夫上下之分，尊卑之等也；夫婦之道，陰陽之義也；諸侯大夫士庶人之妻，能推是道以事其君子，則家道鮮有不盛矣。』清世之言女教者，又莫不以事夫之道，敬夫之容與其他各端並重，而以一味順從爲歸結焉。(註二四)

何以言視婦悍爲違經常？易以陰陽剛柔爲義，故女壯勿用取女，言其失於剛也。自漢以後，公主下嫁，貴女入家，則往往一反女順而爲夫順，自非世所認許矣。漢時，王吉疏曰，『漢家列侯尚公主，諸侯則國人承翁主，使男事女，夫詘於婦，逆陰陽之位，故女多亂；』晉時，謝安妻劉夫人以周姥撰詩，當無關雎、螽斯之章，以制其夫之立妾；皆所謂婦之悍或妒者。南北朝禮教勢力益微，諸公主率習於驕淫，不依所謂禮法。宋世諸主莫不嚴妒，尤以世祖女臨川長公主爲甚，太宗疾之，使人爲江斅作表辭婚，復以此表徧示諸主。宋帝之痛恨婦妒，不僅此也：湖孰令袁慆妻以妒忌賜死，使近世虞通之撰妒婦記；尚書右丞榮彥遠爲妻傷面，賜藥殺其妻；劉休妻王氏亦妒，賜休妾責妻二十杖，並令休於宅後開小店使王氏當市以辱之。梁武帝郗后亦性妬，而梁帝則依『鶬鶊爲膳療妬』之法以懲戒之；帝女永興公主承宋齊公主驕淫之風，厲無禮於其壻殷鈞，帝以犀如意擊主而碎於背。(註二五)其在北朝，亦因財婚關係或猥壻在門，或傲婦擅室，顏之推戒之深矣。至關於帝女之驕亦不僅北周爲然，雖隋獨孤皇后曾以周主爲誡，而隋公主之獨免於驕者，亦僅一蘭陵公主而已；況獨孤皇后之本身又集悍妒之大成乎？(註二六)、唐宜城公主之辱其夫，任瓌妻之喫其醋，皆婦順之反面，唐太宗遂稱『婦人妒忌，合當七出』云。(註二七)宋、李瑋，王詵皆以奉主無狀，遭神宗之謫貶，此亦帝女之故而特異也。若在一般情形中，則如陳季常之『忽聞河東獅子吼，拄杖落地心茫然，』自爲世所譏笑焉。故明謝肇淛曰『人有妒婦，直是前世宿寃，卒難解脫；』淸藍鼎元曰，『爲嫡則有去妒。』（註二八）然則婦順獨當於禮，夫順則爲不經，殊亦失平之甚！

（丁）夫婦之貞操問題　男女因婚姻而成夫婦，欲達長久之道，自須相互而負貞操義務，乃得其當，無中外，無古今，理同然也。顧在中國史上，除秦始皇會稽祭禹而立石刻稱曰：『……自子而嫁，倍死不貞。……夫爲寄豭（言夫淫他室若寄豭之豬），殺之無罪。』（史記秦始皇本紀）

尚係兼重男女雙方之貞操外，一般獨課此義務於女子之身，愈至後世，其力愈大。不特有夫之婦須守其貞，卽未嫁之女亦須預守其貞，寡居之婦並須繼守其貞矣。所謂童貞、婦貞、及從一之貞是也。惟從一之貞，牽及再嫁問題，於此從略，留後及之。

何以言童貞耶？女不雜交，古有明訓。然婚夕，夫之重視其妻之童貞，則又課婦貞於未然也。詩召南草蟲章『未見君子，憂心忡忡，亦既見止，亦既覯止，我心則降；』鄭注旣覯謂已婚也，易曰『男女親精，萬物化生』；是說者謂此即係童貞之試驗，與今俗有相合者。(註二九)不過此事之爲社會所重視，據陳東原云，始見於宋且舉證焉。(註三〇)愚並觀金史后妃傳載，海陵遣蕭拱取彌勒於汴，過燕京，拱父見彌勒身形非若處女者，嘆曰『上必以疑殺拱矣！』及入宮，果非處女，遂遣出之，並致拱於死：則其說或然也。降至近代，依俞樾右臺仙館筆記所載，直隸永平府某縣尚有重視童貞之敝俗云。

何以言婦貞耶？易漸卦云，『夫征不復，婦孕不育，凶；』已不以有夫姦爲然，故『淫佚』列爲七出條件之一也。惟舊日之懲姦，並非視爲夫婦之相互義務，乃以婦人犯姦有亂血統爲主，故男可多娶，女獨守貞。歷代各律，自唐以來，對此皆嚴其刑：唐律『諸姦者徒一年半，有夫者徒二年，』其爲親屬之妻者更加重之，妾各減一等。元律，『諸和姦者杖七十七，有夫者八十七；誘姦婦逃者加一等，男女同罪；婦人去衣受刑，未成者減四等。』『諸夫獲妻姦，姦拒捕，殺之無罪。』『良家婦犯姦爲夫所棄，願爲娼者聽。』其他在一定情形之下犯姦，並有聽夫價賣之文。(註三一)明律，『凡和姦杖八十，有夫杖九十，刁姦杖一百，……其和姦刁姦者男女同罪；』其他關於價賣及本夫於姦所格殺勿論等，亦有規定。清律，『凡和姦處八等罰，有夫者處九等罰；』『凡妻妾與人姦通而於姦所親獲姦夫姦婦，登時殺死者勿論；若止殺死姦夫者，姦婦依律斷罪，當官價賣，身價入官；』此其大端而已！要之歷代對於有夫姦之處罰皆極嚴重；對於男子之納妾等事則視爲當然，豈『貞』字專爲『婦』而設也歟？

（戊）夫婦之能力問題　喪服小記云，『婦人笄而不爲殤；』公羊僖九年云，『婦人許嫁字而笄之，死則以成人之喪治之；』此頗與現代婚姻成年制相當，應許其有行爲能力。然婦人有三從之義，無專制之道，古卽以是爲訓，於是旣嫁從夫，不特行爲能力受夫權之限制，卽在權利能力上亦不完全。反之，妻妾在刑法上所負之責任能力，則又超過於夫，斯皆夫婦不平等地位之所致也。

何以言妻妾之權利能力不甚完全？妻旣合其體於夫，卽消滅其人格之獨立存在；妻旣事事須順於夫，卽無由爲權利之平等享有；故女子『辭父母而言歸，奉君子之淸塵，如懸蘿之附松，似浮萍之托津；』其喻確矣！（註三二）蓋認爲『夫婦之道，如陰陽表裏，無陽則陰不能立，無表則裏無所附，』（註三三）此夫死不嫁，必出於殉者夥焉。至於妾，更賤於妻，視夫爲君，視夫爲家長，其人格隨之消滅自不待言。

何以言妻妾之行爲能力受有限制?曲禮云『內言不出於梱,』故以內人而稱妻妾,一切對夫而服從之。以夫爲綱云云,又所以示其行爲能力之不備也。明律云:『凡婦人犯罪,除犯姦及死罪收禁外,其餘雜犯責付本夫收管;如無夫者責付有服親屬鄰里保管,隨衙聽候,不許一概盡禁;』淸律同;此隱然視其能力有缺,遂予以優遇耳。明令,凡婦人一應婚姻田土家財等事,不許出官告狀必須代告;若夫亡無子,方許出官理對,或身受損害,無人爲代告,許令告訴;淸刑部則例,凡小事牽連婦女者,提伊子姪兄弟替審;皆不外視其爲限制行爲能力之人耳。故有夫從夫,無夫從子,必有其所從也。因妻妾之行爲能力受有限制,且私合官司亦法所禁,故唐、宋律,夫爲人所殺私和者流二千里,處罰最重。明律則杖一百徒三年;妻妾被殺而夫私和者僅杖八十而已!淸條例,妻妾私合者杖一百,流三千里,夫私合者亦僅杖一百而已!然遇特殊情形,妻亦有訴訟上之完全能力,如鳴夫之寃,請代夫罪之伏闕上書,史皆以義稱之,卽是。(註三四)

何以言妻妾之刑事能力特別加重?此於男不罪其納妾宿倡,女獨罪其不貞,已見之矣。雖如後漢班始尙陰城公主,主淫而始殺之,遂受腰斬之刑;乃因帝女而如此,不可以論一般也。(註三五)依唐律，夫毆傷妾者，既減凡人二等，死者僅以凡人論，毆妾折傷以上，並減妻二等。然妻毆夫則徒一年，若毆傷重者加凡鬬傷三等，死者斬；媵及妾犯者並各加一等；過失殺傷者各減二等。若媵妾詈夫者亦杖八十。（註三六）明淸律，夫毆妻妾非折傷勿論，折傷以上始減凡人二等；妾更減妻二等，夫毆妻致死者絞，而因其毆詈夫之祖父母父母，致夫擅殺死者只杖一百，妾更減之。然而妻毆夫者則杖一百，但毆卽坐，夫願離者聽；至折傷以上，各加凡鬬傷三等；至篤疾者絞，死者斬，故殺者凌遲處死；妾犯者並加一等。蓋認爲妻以夫爲天，妻而毆夫，是自絕於天，故處刑從重；妾又卑於妻，故再加其「一等」也。（註三七）

二　婚姻與家族關係

婚姻係合二姓之好，莫離乎家族之範圍，故往昔於禮法上，視婚姻效力及於配偶方面者，實不如及於家族方面者之重要。因而關於現代之夫婦同居及財產問題等等，亦惟有於此述之。

（甲）關於人家問題　白虎通云，「嫁者，家也，婦人外成，以適人爲家；」則婦人生以父母爲家，嫁以夫為家，故謂嫁曰歸『女生而願為之有家』云者，即指此也。然婦人既『自家而出謂之嫁，』其對於父母之家之關係，自不免有種種之變更。(註三八)反之對於夫家關係之首涉及者，則為姓氏問題，蓋婦人以適人為家，而姓氏又與家有其關係也。惟在贅婚事例中，夫因婚姻而入於妻家，是曰入夫婚姻，其情形又不免稍異耳。

胡云乎變更母家之關係？所謂已嫁女異於在室女之地位是也。女雖因嫁而稱婦，然就其父母方面言，則始終稱女，似女子不因嫁而失去向來與母家之關係。(註三九)其實不然，關係雖仍相續，但已較疏。以『喪服』言，儀禮喪服云，女子子在室為父服斬衰三年，適人者則降為期，所謂婦人不貳斬是；故『子嫁反在父之室，為父三年，』則因婚姻解除，遂又回復原來關係矣。其他各服之減降回復亦如之。後世關於服制之內容雖有更改，而女子在室或已嫁被出而歸，所服與男子同；女子出嫁為母家各親降服，母家各親亦為出嫁女降服，古今各例固所同也。(註四〇)以「受制」言，女子在家制於父，既嫁則制於夫，母家不得而再制之，亦關係疏遠之一證。左僖元年傳『夫人氏之喪至自齊，君子以為齊人殺哀姜也為已甚矣，女子從人者也；』杜預云，『言女子有三從之義，在夫家有罪，非父母家所宜討也；』可以知矣。然如雍姬信其母『人盡夫也，父一而已』之言，以其夫雍糾奉鄭伯命殺其父祭仲之謀，告祭仲，祭仲遂殺雍糾，則又一變例也。（註四一）以『往來』言，女子既嫁，非歸寧及大故不返母家，歸寧云者有時而歸問父母之寧否，父母沒則僅使使歸問兄弟；大故云者奔父母之喪之謂；此皆暫時之『來，』與被出而『來歸』有異。（註四二）且『婦人既嫁不踰竟，』（註四三）又爲禮之常則，僅就往來之疏又足以證其關係之較遠矣。宋世，鄭氏家範云，『諸婦之於母家，二親存者，禮得歸寧，無者不許；其有慶弔，勢不得已者，則弗拘此；』卽本於此而然。雖然，秦行族誅之法，漢有從坐之律，凡同產者皆誅，則女子出嫁者遂亦不免，其用意固在『欲殄醜類之族，』但對於女子『出適他族，還喪父母，降其服紀，所以明外成之節，異在室之恩，』爲義悖矣！後漢明帝雖詔，『……女子嫁爲人妻勿與俱，』僅在一定情形下不受株連，謀反大逆無道之同誅，依然如故。魏因之。迨毌丘儉族，其孫女已適劉子元，當坐，因晉景帝及荀顗有姻親之關係，主簿程咸仰其意而議曰：

『……男不御罪於他族，而女獨嬰戮於二門，非所以哀矜女弱，均法制之大分也。臣以爲在室之女，可從父母之刑，既醮之婦使從夫家之戮。』（魏志何夔傳注引干寶晉紀）（註四四）

詔從其請。降而至晉，出嫁女不復坐，遂成定法，後世同。至於財產繼承權，女子惟對於絕戶有之，自唐宋以來，出嫁女倖能承受其一部分，餘則入官，但在室女往往可以全部承受，此亦出嫁女較在室女對於母家關係疏遠之一證也。(註四五)

胡云乎涉及夫家之姓氏？所謂既嫁後之冠姓問題是也。『古者男女異長，在室也稱姓，冠之以序，叔隗、季隗之類是也。已嫁也，於國君則稱姓，冠之以國，江芈、息嬀之類是也。於大夫則稱姓，冠之以大夫之氏，趙姬、盧蒲姜之類是也。在彼國之人稱之，或冠以所自出之國若氏，驪姬、梁嬴之於晉，顏懿姬、鬷聲姬之於齊是也。既卒也稱姓，冠之以謚，成風、敬嬴之類是也；亦有無謚而仍其在室之稱，仲子、少姜之類是也。』(註四六)蓋周初迄於春秋之世，男子稱氏，女子稱姓，國君無氏而稱國，庶人無氏而稱名，則女子既嫁，於姓之上冠以國名或氏名，亦與後世妻冠夫姓，明其所繫，有同然也。不過當時除此情形外，並有以姓繫夫謚者，鄭之武姜，晉之懷嬴，宋之共姬，衛之莊姜是也；子產所云『當武王邑姜方震大叔……』，以武王冠於邑姜之上，與此為同。且有以姓繫於子者，則陳夏姬、宋景曹之類是也。(註四七)降至後世，姓氏不分，女亦有名，或於名上直冠夫姓，如漢書杜欽傳『皇太后女弟司馬君力』注稱『字君力，爲司馬氏婦』是也。而班昭之稱曹大家亦然。或於姓上冠以夫姓，如南齊書『周盤龍愛妾杜氏，上送金釵鑷二十枚，手敕曰「餉周公阿杜」』是也。若自母家稱之，則『吾姜氏』『吾季姜』之古例，當仍存於後世；不過蔡邕書集呼其姑女爲家姑家姊，至南北朝卽已不行。故顏之推曰『凡言姑姊妹女子子，已嫁則以夫氏稱之，在室則以次第稱之，言禮成他族，不得云家也；』又曰，『吾親表所行，若父屬者，爲某姓姑，母屬者爲某姓姨，』則亦以夫家之姓爲主也。各史列女傳稱謂，大都用『某某妻某氏』之例，今人亦有主張於妻姓名上冠夫姓名者，頗相類似。(註四八)近世女子無名字者，則『張王氏』『李門趙氏』；有名字者，則『陳梅晴嵐』之類爲最普遍；若爲贅夫，向例頗少冠妻之姓，其直改用妻姓者則或有之。至於鄉俗値有女無子，買子配親者，往往又有男女易姓之舉，卽妻改從夫姓，夫改從妻姓是也。(註四九)

（乙）關於同居問題　我民法云，『夫妻互負同居之義務，但有不能同居之正當理由者，不在此限；』又云『妻以夫之住所爲住所，贅夫以妻之住所爲住所；』其在古昔大致相同，惟於夫婦同居之外，又涉及家族同居問題，是所異耳。(註五〇)易詞以言，夫婦之同居云者，實卽在大家庭中之同居問題是也。

胡云乎夫婦之同居？孟子云，『丈夫生而願爲之有室，』是夫以婦爲室，隱示夫婦同居之義；故『受室而歸，』用言娶妻，『之子于歸，』藉明嫁女，皆本其義而云。召南鵲巢之章，謂『維鵲有巢，維鳩居之，』崔東壁認爲係言初婚，明此家乃夫之家，此國乃夫之國，非己所得私，有若鳩但居鵲之巢而已，不得遂以爲鳩巢也；愚並認爲鳩居鵲巢，實不外妻以夫之住所爲住所而行同居之事也。惟在周世，女子嫁而入家，即居於斯，非歸寧或有大故不得遠行，否則縱與夫俱，亦爲世譏。魯桓公『十八年春，公將有行，遂與姜氏如齊；申繻曰「女有家，男有室，謂之有禮，易此必敗；」』其證也。(註五二)妻之外，有妾，亦入夫家同居，惟非正寢，此以嫡室正室稱妻，以側室副室偏房稱妾之所由來也。鄭康成釋昏義有羣妃御見之法，語雖荒誕，然妻妾同居欲維持其和平，則妻妾當夕有定，自係一法，後世恆有其例也。不過事實上妾亦有別居於外者，左昭十一年載，『孟僖子會邾莊公盟於祲祥，脩好禮也。泉丘人有女……奔僖子，其僚從之……僖子使助薳氏之簉。反自祲祥，宿于薳氏，生懿子及南宮敬叔於泉丘人，其僚無子，使字敬叔。』注謂『簉、副倅也；薳氏之女爲僖子副妾，別居在外，故僖子納泉丘入女令副助之；』卽副妾奔女聚居於外是也。列女傳所謂『鮑蘇仕衛三年而娶外妻，』意相近也。至於公主下嫁之使男就女，贅壻之入居婦家，雖亦同居，卻係夫以婦之住所爲住所，乃特殊情形所致，非可以論一般也。其有婚而不同居者，或先就婦家居，待產乳男女，然後歸舍者，是又邊族之俗，亦非可以論諸夏也。(註五二)

胡云乎家族之同居？娶族而居，古昔已然。易家人卦云，『家人有嚴君焉，父母之謂也；父父，子子，兄兄，弟弟，夫夫，婦婦，而家道正，正家而天下定矣；』則以家爲國之單位，大家族制所由尙焉。故妻以嫁而入夫之家，實卽與夫同居於大家族之內也。秦孝公變法，稍變古制，民有二男以上不分異者倍其賦，則夫婦同居於小家庭中，此或其始。然在以後，除尙主外，於禮法上求一婚後卽與父母別居若眞臘國之例，殊不多見。(註五三)降而至唐，家族同居之觀念益爲嚴格：襄城公主下嫁蕭銳，有司告營別第，辭曰，『婦事舅姑如父母，異宮則定省闕，』止葺故第，門列雙戟而已！已破公主下嫁別居之例。唐律中謂『諸祖父母父母在，而子孫別籍異財者，徒三年；若祖父母父母令別籍，……徒二年，子孫不坐；』別籍係異其戶籍之謂，無論由誰爲之，皆所禁止，則家族同居並爲法定之事。若夫外居妻妾，更否認之：天寶間敕，凡百姓百官身亡之後，稱是在外別生男女及妻妾先不入戶籍者，一切禁斷。宗子王公以下在外處生男女不收入宅，其無籍者，身亡之後，一切准百官百姓例處分云云即是。（註五四）唐以後各律對別籍之禁止略同。顧此僅就禮教與法例而言耳。其在事實上，屢世同居之義門，雖歷代不乏其例，有如趙翼陔餘叢考之所云；然『共甑分炊飯，同鐺各煑魚，』自昔亦爲習見之事，且如宋時士大夫父母在而兄弟異居，計十家而七，庶人父子殊產，八家而五，又見正牘，則顧炎武謂異籍已行於古之言亦不虛也。（註五五）

（丙）關於財產問題　在宗法社會中，『父者家之隆也；隆一而治，二而亂；』斯謂之家長，妻妾子女皆其所有物，可得而鬻之；則子也，婦也，不能有其私財，自可推知。以故現代法上之所謂夫婦財產制，欲證諸中國往昔之禮制，直緣木而求魚矣！（註五六）然在後世法制或事實上亦不能謂其絕無關於夫婦財產之端倪，且由是或又引起財產繼承及清算問題焉。

胡云乎禮制方面對於夫婦財產之否認？婚姻須待父母之命，由家長或宗子爲其主持，其費用亦由家中負擔，男子除少數自食其力者外，本身已無經濟上之能力，尚何夫婦財產之是云？蓋家事統於一尊，財關尊者，故禮記曲禮云『父母存……不有私財；』則夫之財產依禮而失其存在矣。在妻之方面，雖左哀十一年載『陳轅頗爲司徒，賦封田以嫁公女，』是否純爲嫁資，抑爲嫁奩，固難爲斷。即使妝奩制度已興於周，頤仍不能認爲妻之私有財產。(註五七)蓋『子婦無私貨，無私畜，無私器；不敢私假，不敢私與。婦或賜之飲食、衣服、布帛、佩帨、茝蘭，則受而獻諸舅姑；舅姑受之則喜如新受賜。若反賜之，則辭；不得命，如更受賜，藏以待乏。婦若有私親兄弟，將與之，則必復請其故，賜而后與之。』(禮記內則)亦本於家事統於一尊，財產爲家所有之觀念，婦無財產所有權也。倘必有之，則構成七出中之『竊盜』罪名，行既『反義，』例可『出』焉。觀於『衞人嫁其子而教之曰「必私積聚，爲人婦而出常也；其成居幸也。」其子因私積聚，其姑以爲多私而出之，』(註五八)即知其然。降至後世，婦或可有其小部分之財產，不爲家所沒收，如『拔儂頭上釵，與郎資費用，』即屬婦之私有品而贈與夫者；但夫之財產於一般情形中始終混入家產之內，仍不得爲夫婦財產制之擬也。(註五九)北史崔昂傳『孝芬兄弟孝義慈厚，一錢尺帛不入私房；』周書韋叔裕傳『早喪父母，事兄嫂甚謹，所得俸祿，不入私房；』既爲世所稱許，而唐律又有祖父母父母在，子孫不許別財之禁，力求與禮之所示相合，故祇有家之財產，殊無夫之財產可言也。宋世社會雖父子殊產之事實甚多，然非禮所許也。司馬光曰，『凡爲子者，毋得蓄私財，俸祿及田宅所入，盡歸之父母，當用則請而用之，不敢私假，不敢私與，』可知之矣。(註六〇)其後所謂禮教之家，一皆本此而行。是故夫婦財產制度在昔之不能依禮存在，並非全因女子無有私產，實因在家財之目標下，任何男女不能有私財故也。

胡云乎事實方面或有夫婦財產之發現？先就妻之財產而言，妝奩之制，或興於古，初僅贈與夫家，後世，被嫁者或在事實上亦有相當支配之權；且奩具繁細，有僅供所嫁女私用者，自不能謂其非私有也。漢時，帝女下降，營第別居，其有私產，自不待言；竇憲奪沁水長公主田，其例也。仕庶『遣女滿車，』奢縱無度，故至魏初，曹操愍嫁娶之奢僭，公女適人皆以皂帳，從婢不過十人，然仍有遺嫁之器具與財物可推知也。(註六一)唐、公主嫁者與漢同，長樂公主之下嫁，太宗勅有司裝齎視長公主而倍之；永安公主之匄爲道士，文宗詔賜邑印，且歸婚貲；皆自有其財產之證。高宗時，依李義府奏，詔天下嫁女者所受財皆充所嫁女貲妝等用，其夫家不得受陪門之財；是陪嫁之財雖禁，而貲妝則仍女之私有也、(註六二)五代時，蜀並有嫁裝稅之設，宋開寶六年始罷之；嫁裝而至納稅，其量之豐也可知。迄於現代，舊式婚儀於結婚前一日，必有送妝奩——或稱送陪房——之舉，即其續也。此外，唐文宗時曾敕今後如百姓及諸色人死絕，無男有女已出嫁者，令其合得資產，但與壻合謀有所侵奪者除外；惟以後則定爲三分給一分耳。五代，周世宗敕死商財物於一定條件之下，出嫁親女得於三分財物中收一分。宋、喪葬令亦謂諸身喪戶絕者，營葬及量營功德而外之餘財，給與女，但亡人在日有遺囑處分者不用此令。元、明、清皆承認戶絕財產果無同宗應繼之人，由親女承受，無女者始入官。(註六三)則婦因承繼母家財產之故，得自有其財產更甚顯然。惟世俗囿於內則之言，拘於從夫之義，雖爲婦之私產，或竟爲夫家所制，雖爲妻之嫁裝，或竟歸夫氏支配，女雖不願，莫敢反抗；蓋其界限不清，義理不明，由來久矣！前大理院始正式承認曰，『爲人妻者，應有財產；』『嫁女妝奩應歸女有；』『妻於婚前或婚後，所得之贈與及遺贈，皆歸妻有；』惟妻於其所有私產，爲行使權利之行爲，而不屬於日常家事者，仍應得夫之允許耳。(註六四)次就夫之財產而言，此本統之於家，然在各別資財，同居異爨，或娶婦而後兄弟分異之情形中，析大家庭而爲小家庭，家之財產亦即夫之財產矣。於此，與妻之私財比照而言，或可稱其關係稍近於統一財產制云。

胡云乎夫婦財產發生繼承清算之問題？夫婦既在特殊情形中各有財產可言，遂即發生彼此財產之繼承或清算問題。秦時，蜀寡婦清，其先得丹穴，而擅其利數世，清能守其業，用財自衛，人不敢犯，始皇以爲貞婦而客之；如係承自夫家之財，則寡婦清乃妻繼夫產之首者也。漢律『棄婦畀所齎』言出妻時，退還其母家於初嫁時所送之僕妾財物也；則漢律亦發現財產清算問題焉(註六五)降至後世，關於夫之財產問題：宋戶令云，兄弟亡者，子承父分，兄弟俱亡者，則諸子均分；……寡妻妾無男者承夫分，若夫兄弟皆亡，同壹子之分；清條例云，婦人夫亡無子守志者，合承夫分，須憑族長擇昭穆相當之人繼嗣；然其意不過認爲代應繼人承受夫產，而爲管理，並非即係夫產之承受人。故婦人改嫁，凡由夫家所承受之財產仍聽前夫之家爲主，雖曰意在獎勵守志，並亦因其無夫家財產之所有權而始然也。(註六六)關於妻之財產問題：宋戶令云，『諸應分田宅者及財物，兄弟均分，妻家所得之財不在分限；』然『妻雖亡沒，所有資財及奴婢，妻家並不得追理，』而爲夫所承受矣。元典章云，『隨嫁奩田等物，今後應嫁婦人，不問生前離異，夫死寡居，但欲再適他人，其隨家粧奩財產等物，聽前夫之家爲主，並不許似前搬取隨身。……無故出妻，不拘此例。』而『諸子不孝，父殺其子因及其婦者，杖七十七；婦元有粧奩之物，盡歸其父母，』亦一例外。淸條例云，『婦人夫亡，……其改嫁者，夫家財產及原有粧奩並聽前夫之家爲主。』(註六七)惟嘉慶會典事例謂『凡有夫與妻不和離異者，其妻現有之衣飾嫁裝，憑中給還女家，』尚稍合理云。

(丁)關於婦道問題　往昔社會，男尊而女卑，父嚴而子順，則女子之嫁人也，亦惟婦行婦職之是務；蓋擬爲『牝雞無晨；牝雞之晨，惟家之索』焉。是以人有嫁其女而教之曰，『爾爲善，善人疾之；』對曰，『然則當不善乎？』曰，『善尚不可爲，而況不善乎!?』何其言之痛而深哉！(註六八)

胡云乎婦行耶？昏義稱曰婦順，『婦順者順於舅姑，和於家人，而後當於夫，以成絲麻布帛之事。……是以古者婦人先嫁三月，……教以婦德、婦言、婦容、婦功，……所以成婦順也。』婚嫁之夕，父送女，戒之曰『戒之敬之，夙夜無違命；』母施衿結帨曰『勉之敬之，夙夜無違宮事』……又所以戒以婦道也。故至夫家，以順爲則，蓋『家人嗃嗃，未失也；婦子嘻嘻，失家節也，』一則『悔厲吉，』一則『終吝』耳。(註六九)漢班昭爲女誡序曰『……男能自謀矣，吾不復以爲憂也，但傷諸女方當適人，而不漸訓誨，不聞婦禮，懼失容他門，取恥宗族，……每用惆悵，因作女誡七篇。……』故在女誡中，一本此意，重視女子之四行——婦德、婦言、婦容、婦功；並以曲從舅姑和叔妹爲訓。此四行云云，在後漢書后紀稱曰『四德』與女子之『三從』同爲後世示婦人卑順之口頭禪矣。因維持大家族制度之存在，於是婦於曲從舅姑以外，尤以和睦家人爲貴。依顏之推云『……及其壯也，各妻其妻，各子其子，雖有篤厚之人不能不少衰也；娣姒之比兄弟，則疏薄矣今使疏薄之人而節量親厚之恩，猶方底而圓蓋，必不合矣！』又曰，『娣姒者多爭之地也，……能無間者鮮矣！』（註七〇）則和睦家人之事殊亦難能。此崔休之爲子姪娶婦願使姊妹聯肩，而鍾郝爲娣姒雅相推重，遂稱可貴者也。（註七一）

胡云乎婦職耶？孔子家語本命解云，『……教令不出於閨門，事在共酒食而已，無閫外之儀；』其次則織紝組紃之屬而已！蓋主中饋，乃婦人之專責，故內則一篇皆閨門之訓，而多言飲食者非無故也。詩小雅斯干章亦曰，『無非無儀，唯酒食是議，』言其主務在於是耳。漢班昭之婦有四行，『專心紡績，不好戲笑，潔齊酒食，以供賓客，是謂婦功，』卽指此云。自此以後，若顏氏家訓曰：『婦主中饋，惟事酒食衣服之禮耳，國不可使預政，家不可使幹蠱，如有聰明才智，識達古今，正當輔佐君子，助其不足，必無牝雞晨鳴以致禍也。』若內訓曰：『夫治絲執麻，以供衣服，冪酒漿，具葅醢，以供祭祀，女之職也；不勤其事，以廢其功，何以辭辟？』（註七二）仍一本其原則而云。

（戊）關於主名問題　異姓主名，治際會，其夫屬乎父道者，妻皆母道也，其夫屬乎子道者，妻皆婦道也。故女子之間，因主名之關係，遂於家族中有地位之高下，姑與子婦是也。然因宗法制度之存在，則宗婦冢婦之地位又高於衆婦；並因媵妾制度之並行，則主婦之地位，亦高於妾，斯皆與主名問題有關，乃維持大家族之必要條件也。

胡云乎姑的地位高於子婦耶？姑爲夫之母，其地位因男尊女卑之關係，固低於父，所謂『母親而不尊』以符『家無二尊』之旨，而免『夫妻持政，子無適從』之弊；即服制亦有差等，至明始改爲父母同服斬衰三年；然在子婦方面對姑所施之敬順，與舅則全然相同。（註七三）依內則所述，婦事舅姑如事父母，雞初鳴，服一定之衣，佩一定之物，以適舅姑之所；『下氣怡聲，問衣襖寒，疾痛苛癢而敬抑搔之；出入則或先或後而敬扶持之。進盥，少者奉槃，長者奉水，清沃盥；盥卒，授巾。問所欲而敬進之，柔色以溫之……』即此一端可推其餘，豈僅檀弓所謂『婦人不飾，不敢見舅姑』而已哉!?故內則所述子婦地位之詳之低，實爲後世言婦事舅姑者立一標準，莫能超其範圍也。因子婦地位之低。則姑的地位之高，自可想見。於是自唐以後各律，凡子婦或妾毆詈舅姑者之處刑，不特較舅姑毆子婦者爲重，抑且較夫毆其父母者爲重矣。甚至夫亡改嫁後，對於前夫家之舅姑而毆詈者，仍有較凡人加重之處刑，則名分之定又終身焉。(註七四)

胡云乎宗婦地位高於他婦耶？此之宗婦云者，指大宗長婦也。在宗法制度中，大宗能率小宗，藉以收族，故在同族中，宗子除父母外，惟己獨尊；則女嫁而爲宗子之婦者地位自高。蓋在主祭時，宗子領宗男於外，宗婦領宗女於內，故宗子雖年七十，仍必有其主婦也。(註七五)不特宗婦位高於他婦，且依內則云『適子庶子祗事宗子宗婦，』則因主名之結果，又高於適子庶子矣。惟後世因宗法制度之形式改變，此宗婦之尊遂亦無由再見。

胡云乎冢婦地位高於介婦耶？冢婦乃嫡長子婦，介婦乃衆婦；爾雅謂『子之妻爲婦，長婦爲嫡婦，衆婦爲庶婦，』或卽指此。內則云：『舅沒則姑老，冢婦所祭祀賓客，每事必請於姑，介婦請於冢婦；舅姑使冢婦毋怠，不友無禮於介婦；舅姑若使介婦毋敢敵耦於冢婦，不敢並行，不敢並命，不敢並坐。』

冢婦既能代姑之事，且介婦依舅姑命而下冢婦，其地位較尊可知。後世大家庭中，具有此種禮貌者甚夥。

胡云乎主婦地位高於媵妾耶？主婦云者，正室也，妻之謂也。曲禮雖言國君不名世婦，大夫不名姪娣，士不名長妾，此不過在妾之中，有其所貴，非卽與主婦地位相等也。妾既稱夫爲君，並「謂夫之嫡室曰女君，夫爲男君，故名其妻曰女君也；」既皆以君稱，則其同尊也可知。其妾之賤者，更稱夫爲主父，妻爲主母矣。(註七六)故儀禮喪服，妾爲女君期服。「何以期也？妾之事女君與婦之事舅姑等。」卽女君死，妾並爲女君之黨服，惟妾攝女君則否；顧妾雖可於女君死後，攝治內事，仍不可稱嫡，故「惠公元妃孟子卒，繼室以聲子，生隱公」云云，不稱夫人也。反之，若母以子貴尊爲夫人，後世雖盛其事，在古則有所譏，夫人風氏夫人嬴氏之類是也。觀於古之以妾爲妻，禮所否認，後之以妾爲妻，法所禁止，卽知其尊卑位定，莫可紊易。所謂「虧夫婦之正道，黷人倫之彝則，顚倒冠履，紊亂禮綱」者也。(註七七)宋、鄭氏世範亦云，「主母之尊，欲使家衆悅服，不可使側室爲之，以亂尊卑。」明、妻亡以妾爲正妻者，問不應改正；卽，科其罪，而不必使其仍回妾之位也。清、妻不在而以妾爲妻者，罪應稍輕，仍改正；即古代攝女君終不得稱夫人之例是也。然至清末，扶正之事既已通行；民國成立，前大理院亦明認妻不在者得以妾爲妻焉。（註七八）妻妾地位既不平等，故依唐律，妻毆傷殺妾減凡人二等，死者以凡人論，過失殺者勿論；若妾犯妻者徒一年半，死者斬，完全與夫與妻之處刑輕重同。至於媵犯妻者減妾一等，妾犯媵者加凡人一等，蓋媵猶貴妾也，乃如是耳。明清各律除媵外，均有類似之規定，以示妻尊而妾卑，於其刑度之差別上即可知矣。

三 婚姻與親屬關係

親屬關係之發生除血統的連鎖及法律的擬制外，以婚姻的原因爲其主。然有夫婦而後有父母子女兄弟姊妹，則血統關係之始源亦由婚姻而來；養父母與養子女之關係，固係擬制血親關係而生，顧繼父與繼子之關係，仍莫外乎婚姻之所致也。是故無論以配偶列入親屬範圍之內與否，而配偶關係爲其他親屬關係之所本則一也。（註七九）第關於親屬關係之內容，不惟父系社會與母系社會異致，即在父系社會之中，亦因時代而難爲同，且其問題牽涉又廣，殊非茲之所能詳也。茲惟就由婚姻而生之親屬稱謂，由婚姻而生之親屬服制，由婚姻而生之親屬則例論焉。

（甲）由婚姻而生之親屬稱謂　母系社會之親屬稱謂，不可得而知也，自父系社會言之。配偶爲稱，曰昏曰姻，曰夫曰妻，曰君曰妾，女子或又以婦稱，此即表示婚姻成立後，婚姻當事人間首先發生所謂配偶之親屬關係焉。（註八〇）然夫有其族，妻有其宗，非如亞當夏娃之結合，僅由配偶關係然後發生血親關係，其結合之始，即已互相錯綜而發生其他之親屬關係，於親屬稱謂之複雜性上即可知矣。不過往昔對於親屬關係之類名既與今異，而親屬間之彼此相稱，亦難盡同耳。

曷謂親屬關係之類名與今不同？爾雅釋親從宗族、母黨、妻黨、婚姻四方面，釋其相互之稱謂，此最早親屬關係之類名也。宗族係指同一祖宗所出之親屬稱謂而言，與婚姻之原因尚少外；（註八一）母黨則係就子女對於母系血親之稱謂而言，其始源雖亦由於母與父之婚姻，但實際上仍爲對血親之稱謂，與父黨無異。且在母系社會中，母黨親屬之稱謂實較父黨爲主；而當民知有母而不知有父時代，則更無父黨稱謂矣。至於妻黨乃以指示夫對妻的親屬稱謂爲主，而外親則連類及之；婚姻乃以指示妻對夫的親屬稱謂爲主，而夫婦之黨之互稱亦連類及之：故妻黨與婚姻實直接由婚姻而生親屬稱謂關係之類名也。在實際上，宗族一稱宗親，母黨又稱外親，儀禮喪服傳『外親之服皆緦也』是。妻黨通常置於外親之外，然史記有外戚世家，併帝王之母黨妻黨而入之，後世修史者本此，於是外親云云又不必卽限於母黨矣。後世各律所載大都分為宗親、外親、妻親三類，其指示之範圍殊與爾雅有異。宗親並非以同一祖宗所出之男系血統為限，婦對夫族之親屬關係亦在其內；外親固不包含妻黨，顧亦不限於母族，凡姑、姊妹、女子子嫁出而生之親屬關係亦入之；妻親係夫對於妻之親屬而言，範圍尚較確定，惟夫之宗親與妻之宗親相互間，則在法律上之關係殊為淡薄，『婦之父母壻之父母相謂為婚姻……婦之黨為婚兄弟，壻之黨為姻兄弟，』亦祇古禮之稱，習俗擇用而已！(註八二)我民法以此種分類，既具有宗法社會之色彩，且條理亦不淸晰，於是不問宗親或外親，凡與己身有直系或旁系之血統關係者曰血親；以外，若血親之配偶，配偶之血親，血親之配偶之血親，配偶之血親之配偶，皆曰姻親，蓋示其為由婚姻所生之親屬關係是也。(註八三)

曷謂親屬相互之稱謂與今或異？就配偶之血親言之，在夫族方面：『婦稱夫之父曰舅，稱夫之母曰姑，姑舅在則曰君舅君姑，沒則曰先舅先姑。』舅、舊也，姑、故也；舊故老人稱也，故用以稱夫之父母，而含『如事父母』之義。(註八四)然其變也，稱舅爲公最早已見於漢，稱姑爲婆至遲亦在清初，而阿翁、阿公、阿家、阿姑之稱，隋唐以前卽已有之，元且以『翁』字入律焉。(註八五)至『謂夫之庶母爲少姑』後世則不行也。此其一。婦謂『夫之兄爲兄公，夫之弟爲叔，夫之姊爲女公，夫之女弟爲女妹；』公、尊稱也，叔、妹、皆幼小也，故用以分別稱夫之兄弟姊妹。然其變也，兄公之稱，在漢已有兄章兄伀之異，在晉又有兄鍾之轉，五代以來稱阿伯矣。女妹之稱雖漢晉猶然，但女叔兼用已見周漢之世；而叔妹爲稱東漢亦有其俗，隋唐以來之小姑稱謂又沿用於今日矣。女公或轉爲女妐，今俗則稱大姑，惟叔之稱謂未變耳。(註八六)此其二。在妻黨方面：『妻之父爲外舅，妻之母爲外姑；』愚曾以此認爲交換婚時代用語之遺迹，但說者則謂妻以夫之父母稱舅姑，則夫亦從而舅姑之，懼其同於母黨或父黨也，故別曰外舅外姑云。然其變也，匈奴單于以和親關係，稱漢天子爲丈人行，丈人之稱始此，而外姑遂亦有丈母之號。唐玄宗封禪泰山，張說因而遷其壻鄭鎰官，玄宗怪而問之，鎰無辭以對，黃旛綽曰，『此泰山力也。』泰山之稱始此，而外姑遂又有泰水之號。於是岳父、岳丈、岳公、岳母之用語，並因泰山有丈人峯之義而生矣。(註八七)此其三。『妻之晜弟爲甥，妻之姊妹同出爲姨；』甥或稱外甥，乃婿兄弟也，言『其姊妹女也，來歸已內爲妻，故其男爲外姓之甥，甥者生也，不得如其女來在已內也；』同出則謂俱已嫁矣，詩衞風『邢侯之姨』是；媵亦曰姨，以其爲妻之妹也。然其變也，甥之稱不用於敵體，或以內兄稱妻兄，或以內弟稱妻弟焉。惟姨之稱未變，但亦有姨妹、大姨、小姨之異。（註八八）此其四。就血親之配偶言之：『子之妻爲婦，……女子子之夫爲壻；』婦者有姑之辭也，宋蕩伯姬來逆婦是；壻亦稱甥，『謂我舅者，吾謂之甥也，』孟子云帝館甥于二室是。然婦既有子婦之稱，於宋時則一變而爲息婦，以後再一變而爲媳婦。顧在元律中則又以男婦稱之。至於稱壻爲甥固未通行，而壻則仍沿用，不過自漢以來，並有子壻女壻之稱耳。（註八九）此其五。『謂弟之妻婦者，是嫂亦可謂之母乎；』則兄妻稱嫂，弟妻稱婦，所以尊兄，所以遠嫌也。惟『女子謂兄之妻爲嫂，弟之妻爲婦，』當係倣用，無此義也。此在後世尙無何改，僅晉時稱婦爲新婦而已。『姊妹之夫爲甥，……女子謂姊妹之夫爲私；』甥猶生也，取相親之義也，晉時猶存其稱，私之爲稱，見於詩『邢侯之姨，譚公維私，』意指非正親耳。然在後世皆不通行，漢時已以甥之稱易爲姊夫妹夫，並有姊壻妹壻之用語，繼其後，而姊丈妹丈之稱謂亦兼用之，女子稱姊妹之夫同然。（註九〇）此其六。就配偶之血親之配偶言之：『長婦謂稚婦爲娣婦，娣婦謂長婦爲姒婦……長婦爲嫡婦，衆婦爲庶婦；」娣姒係由己身之長幼而計，鄭玄杜預謂兄弟之妻相謂爲姒，言兩人相謂，長者爲姒，知娣姒之名不計夫之長幼也；嫡庶則依夫之長幼或輩分稱矣。然其後則變爲築里，又變爲妯娌，今秦人且以「先後」爲稱，蓋本於晉時之俗而然。（註九一）此其七。「兩壻相謂爲亞，」詩曰「瑣瑣姻亞，」左氏傳曰「昏媾姻亞」是。唐時雖仍存婭壻之稱，但漢時已有友壻之名，晉時江東人復呼同門曰僚壻，宋以後通稱連襟或連袊矣。（註九二）此其八。凡此八端，僅就其要者例示之，若夫古今來無若何重要之變更者則從略。且瓜葛之親甚泛，葭莩之末亦微，欲盡及其因婚姻而引起之種種稱謂，其勢更所不能也。

（乙）由婚姻而生之親屬服制　喪服之制今已廢除，然自周迄於清末，則認爲聖人所以經緯萬端，皆從此始，殊重視之。其爲用藉以表示親屬之親疏，略近現代法之親等計算。惟因含宗法觀念於內，雖起源於親親之義，而又以尊尊之義加入，夫婦之男女雙方遂不得各親其親矣；且因受男女有別之影響，雖有親道竟推而遠之，故不僅祖免親及外姻之疏系爲無服親，即相近之親屬或亦有無服者矣。蓋其加隆減降之本身，縱有定則，但進而求其確定之親等，殊難以之爲據。（註九三）然則由服制而觀察親屬關係僅能及其重要部分也可知。此種喪服關係之生也，依禮記大傳云：『服術有六：一曰親親，二曰尊尊，三曰名，四曰出入，五曰長幼，六曰從服；』又曰『從服有六，有屬從，有徒從，有從有服而無服，有從無服而有服，有從重而輕，有從輕而重。』則在其中，與婚姻效力最有關者當爲『從服，』其次若『出入』若『名，』亦有關也。

曷謂從服？隨從他人之服之有無輕重，而依一定法則定自己之服等是也。此在服制全部上固不限於夫妻之相從，如子爲母之黨乃屬從關係，臣爲君之黨乃徒從關係，卽是；然由婚姻而成夫婦之後，發生從服事例殊爲普遍，不可輕視也。在從服之六種中，『屬從』係指骨肉連續以爲親，遂從其所從而爲之服，妻從夫，夫從妻是也。所謂夫族之服，妻黨之服皆由是而生，所從雖沒，猶從之服其親也。(註九四)至於妾之服其君也，雖與妻同爲斬衰三年，且從夫而爲夫族服，然僅有尊尊之義而無親親之道，觀於夫因至親之關係報妻以期，對妾之有子者僅報以緦，無子則已，明代以後更無報服可知，則爲其『君』之『夫』不爲妾之黨服者，正以其賤也。(註九五)『徒從』係指與彼無親屬，空從其所從而爲之服，妻爲夫之君，妾爲女君之黨是也。至於子從母服於母之君母——嫡母非生母，妾子爲君母之黨，雖非直接由婚姻而生，但君母生母之別，嫡子妾子之分，則亦由婚姻關係上妻妾名分之異致而然也。在徒服中，所從亡，則不服，惟女君旣沒，除妾攝女君外，則猶爲女君之黨服，此又由於妾卑於妻所致也。(註九六)『有從有服而無服，』兄弟有服，而叔之與嫂，兄公之與弟婦，因遠嫌關係，在唐以前無服是也。又『公子爲其妻之父母』亦然；蓋其妻爲本生父母期，公子爲君所厭，不得服從，是妻有服而夫無服也。『有從無服而有服，』叔嫂無服，娣姒有服，顧炎武所謂『存其恩於娣姒，斷其義於兄弟』是也。又『公子之妻爲其外兄弟』亦然，蓋公子被君厭，爲己外親無服，而妻猶服之，是夫無服而妻有服也。『有從重而輕，』『爲妻之父母，』妻雖降其本宗之服，然爲其父母猶服期，而夫從妻服之，僅服緦，是妻重而夫輕也。『有從輕而重，』『公子之妻爲其皇姑，』公子爲君所厭，自爲其生母練冠，舅不厭婦，故公子之妻則爲其君姑服期，是夫輕而妻重也。(註九七)

曷謂出入？女子子在室爲入，適人爲出，故曰『妻謂之入，女子子謂之出；』再詳言之，母與妻皆入本族之異姓也，女子子則出本族之同宗也。一出一入皆由婚嫁之關係而然，其服制亦因之發生變更。就出而言：凡姑姊妹女及孫女在室或已嫁彼出而歸服，無論已服人，人服己，並與男子同。但出嫁而入他人之家，雖曰『出者其本重，』而猶有服，究以男系爲主，服統於宗，既爲夫氏之宗有其所隆，卽爲自己之宗不能無殺，在室爲父斬，出嫁則斬於夫而爲父期，所謂不貳天不能貳尊是也。就入而言：以主名之關係定其位，以屬位之原因從其服，雖異姓而各有相當之服，蓋『入者其卒重』耳。至對於入者之本宗，一因父母之恩不殊，對外親亦有其服，然因尊祖禰之故，外親之服皆緦，僅外祖父母以尊加而爲小功，姨母以名加而爲小功而已！至唐始加舅小功五月，而開元間楊仲昌猶以『無輕議禮』非之。一因夫妻之親甚顯，對妻黨亦有其服，然祇服妻之父母以緦，妻父母亦報之以緦，其他若妻伯叔，妻之姑，妻兄弟及婦及子，妻姊妹及子，妻之外祖父母，皆爲無服之親。此外『出繼爲人後者，』亦曰出，其妻則爲本生舅姑服大功云。(註九八)

曷謂名？『其夫屬乎父道者，妻皆母道也，其夫屬乎子道者，妻皆婦道也』之謂，換言之『嫁於父行則爲母行，嫁於子行則爲婦行』之謂；其爲服亦出於從服之原因而然，若妻與夫之祖父母、世父母、叔父母是。其實婦對舅姑雖以義服，究不能謂與名無關，嫂叔無服亦係由名而治，乃推而遠之；至妻妾之關係，亦因從夫從君之異，乃名曰妻曰妾，均可於茲以論其服制也。(註九九)就婦與舅姑言：

婦爲其夫斬，則從夫而爲舅姑期，亦不貳尊之義；然在唐時，世俗已行三年之喪，貞元定禮，李岩議曰：「……父母之喪尙止周歲，舅姑之服無容三年，且服者報也，雖有加降不甚相懸，故舅姑爲婦大功九月，以卑降也，婦爲舅姑齊衰周年，以尊加也；」仍如禮舊。迨至後唐，三年齊衰，一從其夫，宋乾德三年議禮從之；元、爲舅斬衰，爲姑齊衰；明、子爲父母同服斬衰三年，婦亦同然。就爲兄弟之妻及爲夫之兄弟言：古皆無服，蓋推而遠之也；唐以外親之同爨猶緦，遂爲制服小功，明淸同。就妾與妻言：妾之事女君與婦之事舅姑等，故妾爲妻服期；但妻對妾則無報服也。此外若婦對夫之祖母、伯叔母則服大功……云，不詳舉。（註一〇〇）

（丙）由婚姻而生之親屬則例　兩姓既締其婚，內外連而成姻，則在禮法上或應有其迴避之處，在刑典上或竟有其株連之條；若夫夫人裙帶，姻故不遺，乃人情之弱點，不足爲論也。

曷謂姻親之迴避？漢制，以州郡相黨，人情比周，乃使婚姻之家，及兩州人士，不得對相監臨，是曰三互法；史弼遷山陽太守，其妻鉅野薛氏女，以三互自上轉拜平原相是也。元律，諸職官聽訟者，事關有服之親幷婚姻之家……應迴避而不迴避者，各以其所犯坐之。此其例也。（註一〇一）

曷謂姻親之株連？三族九族之說如果計入母族及妻族，則秦之三族刑，母黨妻黨皆受株連矣。降而如北魏崔浩之誅也，清河崔氏無遠近固所不免，而范陽盧氏，太原郭氏，河東柳氏皆浩之姻親，遂亦盡夷其族。明方孝孺之族也，宗族親友前後坐誅者數百人，並門生而滅及十族；其姻親亦入於九族之內可知。(註一〇二)不過族誅之在後世已非常例，而姻親不免尤為例之偶見也。

此外，在舊律中，並有親屬相盜、親屬相毆、親屬容隱、親屬強賣、親屬略誘、親屬為婚等條，涉及姻親關係者甚夥，或勿論，或禁止，或分別按服制減等科罪，或分別依名義加重處刑：皆與婚姻效力之問題不無間接關係焉。

(註一)參照曲禮「天子之妃曰后……」及疏，左桓六年「人各有耦……」，成十一年，昭三年傳文，宣三年杜預注，及後漢書鄧訓傳注等等。

(註二)詳見呂誠之中國婚姻制度小史第四五—四八頁引其所著釋夫婦文。

(註三)見僖二十五年，宣元年傳文，並參照爾雅釋親及顏氏家訓書證。

(註四)見大戴禮記，及儀禮喪服傳。

(註五)見禮記曲禮、坊記，詩齊風南山及禮記哀公問。

（註六）見大清律例妻妾失序註。

（註七）參照陶希聖中國政治思想史第一冊第一二頁。

（註八）參照胡長清中國婚姻法論第一四七—一四八頁。

（註九）許有壬詩。

（註一〇）參照趙鳳喈中國婦女在法律上之地位第一一四—一一七頁。

（註一一）參照陳顧遠中國法制史第三〇八—三〇九頁，唐律疏義名例一及名例二。

（註一二）隋書高祖紀下，遼史聖宗紀及元典章卷十八。

（註一三）參照陳著中國法制史第七一—七二頁及新唐書公主傳。

（註一四）見程樹德九朝律考第八一頁。

（註一五）見隋書刑法志。

（註一六）參照朱方中國法制史第九三頁。

（註一七）見元史刑法志詐僞及盜賊門。

（註一八）參照漢書宣帝紀地節四年詔及唐律名例六。

（註一九）參照詩女曰雞鳴及大車章，禮記禮運及左昭二十六年傳文。

（註二〇）隱二年傳文，孔子家語亦有類同之言。

（註二一）見爾雅釋親，儀禮喪服傳。

（註二二）見白虎通嫁娶篇，女誡專心第五，及中國婦女文學史綱所載徐淑答秦嘉詩及盤中詩之稱謂。

（註二三）顏氏家訓治家第五，易恆卦六五疏，橫渠女誡，近思錄卷十二。

（註二四）見內訓積善及事夫章，並參照陳東原中國婦女生活史第二七五—二八八頁。

（註二五）見漢書王吉傳，妒婦記，宋書孝武文穆王皇后傳，南史殷鈞傳及中國婦女生活史第七四—七六頁。

（註二六）見顏氏家訓卷一，北史后妃傳及列女傳。

（註二七）參照中國婦女生活史所引耳目記及御史臺記。

（註二八）參照宋史公主傳，馮文榴蘇文忠公詩合注，文海波抄及女學。

（註二九）見民國二十五年西京民意報所載遙齊之海廬雜鈔八。

（註三〇）見中國婦女生活史第三〇，第一四五—一四八頁。

（註三一）元史刑法志姦非及戶婚門。

（註三二）語見梁乙眞中國婦女文學史綱第一〇〇頁所引魏丁廙妻之寡婦賦。

（註三三）語見遼史列女傳耶律述妻條。

（註三四）參照謝无量婦女修養談第九〇—九二頁。

（註三五）後漢書班超傳。

（註三六）唐律鬪訟篇。

（註三七）參照清律總註。

（註三八）參照公羊隱二年傳文及何休注，孟子滕文公章句下，揚子方言。

（註三九）參照公羊隱二年、桓三年及桓九年傳文。

（註四〇）參照徐氏讀禮通考喪期表。

（註四一）參照左桓十五年傳文。

（註四二）參照左莊二十七傳注，公羊莊同年傳注。

（註四三）參照穀梁莊二年、五年、十五年及十九年傳文。

（註四四）參照後漢書明帝紀永平十六年詔，晉書刑法志。

（註四五）詳見中國婦女在法律上之地位第一二—一四頁及第七三頁。

（註四六）顧炎武日知錄卷二十三氏族條下附錄其原姓篇文。

（註四七）參照左僖二十三年注，成八年注，昭元年傳文及中國婦女生活史第四一頁。

（註四八）參照顏氏家訓風操篇及三五法學會法學季刊一卷一號王用賓妻冠夫姓問題。

（註四九）見民國二十五年五月十四日南京朝報續溪霞間村買子繼承辦法一文。

（註五〇）民法第一一〇一條及第一一〇二條。

（註五一）見滕文公章句下，左桓六年傳文，詩鵲巢章，讀風偶識卷之二。

（註五二）參照趙翼簷曝雜記粵西士民及滇黔苗猓之俗，李心衡金川瑣記及隋書北狄傳鐵勒婚俗等記載。

（註五三）參照隋書南蠻傳。

(註五四)新唐書公主傳，唐律疏義卷十二，宋刑統卷十二所引唐敕。

(註五五)參照呂誠之中國宗族制度小史第四五—五一頁。

(註五六)參照荀子致仕篇及左傳，馮琪彭學海合著之夫妻財產制第三三—四〇頁。

(註五七)參照葉啟芳譯婚姻進化史第一六四頁妝奩婚姻。

(註五八)韓非子說林上。

(註五九)參照胡長清中國婚姻法論第一九八—二〇〇頁，中國婦女文學史綱第一四〇頁。

(註六〇)見涑水家儀及朱子家禮。

(註六一)參照後漢書五行志，鹽鐵論國病篇及魏志武帝紀注。

(註六二)見新唐書公主傳及舊唐書高宗紀。

(註六三)宋刑統戶絕資產條所引各敕及喪葬令，元典章卷十九，明會典卷十九及清律卑幼私擅用財門條例。

(註六四)二年上字第三三號，第三五號，第二〇八號判例；七年上字第一四七號，第六六五號判例。

(註六五)見史記貨殖傳，九朝律考第八二頁。

(註六六)宋刑統卷十二戶婚律引戶令，清律卷八戶律戶役「立嫡子違法」條例，前大理院四年上字五六七號及七年一四七號。

(註六七)元史刑法志殺傷門，清律戶律戶役。

(註六八)參照書經牧誓及世說新語賢媛第十九祖母嫁女條並注引淮南子云云，

（註六九）參照儀禮士昏禮殺梁桓三年傳文，易家人卦。

（註七〇）顏氏家訓兄弟第三。

（註七一）見合璧事類及世說新語。

（註七二）見治家篇及勤勵章。

（註七三）見禮記表記，孔子家語本命解，韓非子揚權篇。

（註七四）參照中國婦女在法律上之地位第七〇—七一頁。

（註七五）參照儀禮喪服傳白虎通及禮記曾子問。

（註七六）見儀禮喪服，劉熙釋名，戰國策。

（註七七）見唐律疏義卷十三。

（註七八）明律妻妾失序條備考，清律同條輯註，及六年上字第八九六號判例。

（註七九）參照中國婚姻法綜論第一〇六—一〇八頁，中國婚姻法論第一五〇頁。

（註八〇）禮記經解鄭注，內則鄭注，儀禮喪服，蒹葭。

（註八一）我民法以血親之配偶爲姻親，則爾雅所謂『父之世母叔母爲從祖祖母，……父之從父晜弟之母爲從祖王母，父之從祖晜弟之母爲族祖王母，父之兄妻爲世母，父之弟妻爲叔母，父之從父晜弟之妻爲從祖母，父之從祖晜弟之妻爲族祖母，……父之從祖祖母爲族曾王母，父之妾爲庶母』當爲姻親中之尊親屬也。

（註八二）參照徐朝陽中國親屬法溯源第四七—五五頁。

(註八三)民法第九六七—九七〇條。

(註八四)爾雅釋親婚姻及其疏，釋名，並禮記內則。

(註八五)漢書賈誼傳『與公併倨』，康熙字典『俗稱舅姑爲公婆』，辭源阿家翁條，宋書范曄傳『阿家莫念』，顏氏家訓『落索阿姑餐』，元史刑法志姦非門『諸翁欺姦男婦未成者』

(註八六)見釋名及玉篇，爾雅郭注，五代史補『新婦參阿伯豈有答禮』，禮記昏義注，後漢書。

(註八七)辭源外舅條引汪堯峯云，漢書匈奴傳，柳宗元有祭獨孤氏丈母文，酉陽雜俎，歸田錄，辭源岳丈條。

(註八八)爾雅釋親妻黨，釋名，晉書阮籍傳，世說新語。

(註八九)爾雅釋親婚姻及妻黨注，公羊傳，內則，能改齋漫錄，元史后妃傳及刑法志，史記張耳傳，漢書淮陽憲王欽傳。

(註九〇)儀禮喪服傳，爾雅釋親婚姻及郭注，詩衞風碩人，釋名，後漢書，白居易詩。

(註九一)爾雅釋親妻黨及婚姻，本文第二章第一節，揚子方言，廣雅。

(註九二)爾雅釋親婚姻，詩小雅節南山，左昭二十五年，唐書，漢書嚴助傳，爾雅郭注，容齋隨記。

(註九二)參照法制論叢陶彙曾現於服制之親屬制度及民律草案喪服關係與親屬關係之異。

(註九四)喪服小記『爲從者所從雖沒也服』；疏『爲者骨肉連續以爲親也。』

(註九五)參照儀禮喪服傳，禮記喪服小記及中國親屬法溯源第一九頁。

(註九六)禮記大傳疏及雜記，儀禮喪服傳。

(註九七)禮記大傳疏及服問，日知錄卷五兄弟之妻無服條，喪服傳『何以緦?從服也。』

（註九八）參照吳家賓喪服會同說，日知錄卷五，唐會要卷三十七—三十八服紀上下條，禮記大傳疏。

（註九九）儀禮喪服傳及鄭注，日知錄卷五三年之喪條。

（註一〇〇）唐會要服紀下，日知錄三年之喪原注，元史刑法志名例，儀禮喪服。

（註一〇一）後漢書蔡邕傳及注，元史刑法志職制門。

（註一〇二）白虎通九族，史記秦本紀注，魏書崔浩傳，明史方孝儒傳及方正學年譜。

第六章　婚姻消滅

夫婦之道不可以不久也，故易於咸卦後，即以恆卦繼之。然「宜言飲酒，與子偕老，」雖爲人之所期，而鰥寡遭遇究屬事之難免；況「不思舊姻，求爾新特，」旣係世之恆有，則反目仳離遂成例之習聞：於是婚姻關係縱已成立，在實際上自難皆如恆卦所示，使其不消滅也。（註一）其中因配偶一方之死亡，致終斷其共同生活關係者，是曰自然的消滅原因；因此在中國史上曾發生再娶再嫁之再婚問題。因琴瑟不調或他故，致難繼續其共同生活關係者，是曰人爲的消滅原因；因此在中國史上曾發生相棄義絕七出之離婚問題。至於婚姻效力依然存在，而惟免除共同生活義務之別居制度，今我民法並不承認，求諸往昔，除前大理院判例一度採用外，爲例亦屬稀少。（註二）必欲求之，則晉書禮志所云「沛國劉仲武先娶毌丘氏，生子正舒正則二人。毌丘儉反敗，仲武出其妻，娶王氏，生陶。仲武爲毌丘氏別舍而不告絕。及毌丘氏卒，正舒求祔葬焉，而陶不許……，」或不失爲別居一事之先例。

一　婚姻之自然的消滅——再婚問題

男女之初成室家者曰新婚，詩谷風云『宴爾新昏，如兄如弟』；是但如指其爲第一次之結婚則曰初婚，若再與以後之再婚比照而言，則曰前婚。再婚用語不限於配偶一方死亡，他方再行結婚之謂，卽夫婦離婚而再娶再嫁者亦然。（註三）不過在中國婚姻之史的用語，似應偏於前端，蓋再娶再嫁云云，多因配偶一方死亡而發生此問題也。

（甲）妻死與再娶　妻之死亡使婚姻關係消滅云者，祇指夫妻共同生活關係之消滅而言，若夫親屬關係等等，除贅婚中夫再婚外，一般情形則不消滅，此其異於離婚也。縱夫再娶亦然。惟在中國往昔，雖非採絕對的一夫一妻主義，然在一特定階級間或受有他種影響者，則亦往往傾向不再娶之義。甚至事實上爲再娶者，仍重視其與始娶之妻之關係，苟非後妻有子而前妻又無子時，卽無由使後妻名分超過前妻也。於此，所謂夫妻身分仍非如今世之視爲絕對消滅也。

先就不再娶之情形言：公羊傳云，『諸侯壹娶九女，諸侯不再娶。』白虎通云，『或曰，天子娶十二女，……必一娶何？防淫佚也；爲其棄德嗜色，故一娶而已！人君無再娶之義也。』故後世謂天子諸侯一娶多女，正由不再娶也，其不再娶爲防淫佚，而在重國廣繼嗣之下，遂又不能不一娶多女焉。其實古者貴族多娶已成慣例，初或非因不再娶而多娶，當係多娶結果，嫡室死以妾攝治內事，始生不再娶之義；何休謂『不再娶者，所以節人情開媵路』是也。（註四）左傳謂『惠公元妃……孟子卒，繼室以聲子生隱公，』言聲子攝治內事，猶不得稱夫人，僅繼續元妃在夫之室而已！故依原則而言，人君唯有繼室之事，實無重娶之禮。然其變也，如昭三年，齊侯使晏嬰請繼室於晉，而晉許之，蓋少姜已葬，齊復以女爲繼，雖曰繼其室，實即再其娶；宜乎朱子稱齊魯之破法矣。至於天子諸侯以外，義得再娶無待言也。降至後世，人君不再娶之例亦革除焉。（註五）然同時則又因妻死後，恐其遺子遭後母之譖，雖在士庶人方面亦有主張其不應再娶者。蓋鑒於『高宗以後妻殺孝己，尹吉甫以後妻放伯奇，』防假繼之慘虐孤遺，離間骨肉耳。故『曾參婦死，謂其子曰「吾不及吉甫，汝不及伯奇；」王駿喪妻亦謂人曰「我不及曾參，子不如華元」……並終身不娶。』南北朝時，『江左不諱庶孽，喪室之後多以妾媵終家事，疥癬蚊䖟或未能免，限以大分，故稀鬬閱之恥。河北鄙於側出，不預人流，是以必須重娶至於三四，母年有少於子者，……身沒之後，辭訟盈公門，謗辱彰道路，子誣母爲妾，弟黜兄爲傭，播揚先人之辭迹，暴露祖考之長短，以求直己者往往而有；」此顏之推所以慨嘆，而認爲可畏者也。（註六）唐時有于義方者，目睹時人再娶之害，並作黑心符一文以戒子孫，中謂「……萬一不幸，中道鼓盆，巾櫛付之侍婢，鹽米畀之諸子，日授方略，坐享宴安。又或無嗣孤單，則宜歸老弟姪，以心與之，孰敢不盡？若更重婚續娶，定見敗身殞家！」則其反對再娶更極端矣。宋儒中如程子則主張「凡人爲夫婦時，豈有「一人先死，一人再娶，一人再嫁」之約？——只約「終身夫婦」也。但自大夫以下，有不得已再娶者，蓋緣奉公姑或主內事耳。如大夫以上自有嬪妃可以供祀禮，所以不許再娶也。」（註七）是在所謂不得已之情形下，得再娶也。

次就再娶者之情形言：諸侯既不再娶，嫡夫人稱曰元妃，死則由妾攝治內事稱曰繼室，明其秪一娶也。但再娶者仍以初娶之妻爲重，於是以前妻稱元妃，以後婦稱繼室，又成通義矣。妃與配通，後世元配之稱本此；繼之言續，儀禮喪服『繼母如母』是也。宋書謂『孝穆后殂，孝皇帝聘后爲繼室，』

宋史謂「孝惠崩，周顯德五年太祖爲殿前都點檢，聘后爲繼室，」皆再娶而仍以繼室稱也。（註八）且在唐後，俗間對繼配之妻往往以「接腳夫人」諢之，今陝俗前妻母家每稱其繼室爲「續腳姑娘，」即基於此；而嫁於再娶者稱曰塡房，均含有遜於元配之意在。關於元配最重要之權利，則爲合葬與祔祭：例如明史后妃傳載「穆宗即位，禮臣議「孝潔皇后大行皇帝元配，宜合葬祔廟；若遵遺制祔孝烈則舍元配也，若同祔，則二后也。大行皇帝升祔時，宜奉孝潔配，遷葬永陵；孝烈宜別祀。」報可。」餘可知矣。然母以子貴，繼室之合葬並祔者，例亦夥也。

（乙）夫死與再嫁　夫死妻之地位與妻死夫之地位略同，仍非絕對消滅婚姻之效力。雖於夫之喪服滿後，依律妻則有改嫁之自由，至是由婚姻所發生之各種關係，因妻之再婚似歸消滅。然在往昔，則視爲夫可以出妻，妻不得棄夫，故惟在被出及和離或斷離情形下，可以消滅一切關係；至於因夫亡而改嫁，雖婦之節已移，而於義則未之絕，蓋妻無身絕於夫之理，並不因改嫁而即消滅一切關係也。唐律，妻妾毆詈故夫祖父母父母者，各減毆詈舅姑二等，仍較凡人爲重；明清律更直與毆舅姑罪同；即不外以夫死改嫁，義仍未絕，舅姑名義依然存在故耳。（註九）雖然，關於夫死再嫁之事，律所禁止者除居夫喪而改嫁者外，惟對於強嫠婦改嫁者罪之，倘再嫁而出自所願，於原則上均未禁也。然在禮之方面則以夫死不嫁為極則，後儒又從而張大之，政府又從而獎勵之，女子從一而終遂於數千年來無人敢非之矣。不過在實際上，自周以迄於唐，夫死再嫁縱不視為合於禮制，顧亦不視為奇辱大恥。其輕視再醮（註一〇）之婦，乃自宋以後始甚也。

先就禮教上對於再嫁之態度言：禮記郊特牲云，「一與之齊，終身不改，故夫死不嫁；」此禮教上反對再嫁之最早者。說者謂係指不得以妻為妾，非謂不嫁，夫死不嫁云云，乃後人竄入之文；觀於衞有七子之母不能安其室，而孟子以為小過，即知其非以夫死不嫁為禮之極矣。（註一一）愚以為夫死不嫁云云縱非竄文，亦不過甚於「婦人貞吉從一而終」之義，作為最高之理想，非強人必行，而視再嫁為非禮也。是故父卒繼母嫁，仍從而為之服，遂以終恩為貴，不以再嫁為嫌焉。家語雖曰「禮無再醮之端，言不改事人也，」此乃從「夫死從子」所引申者耳。況今本家語最早亦祇魏王肅之託，非可以絕對視為孔子之言也。（註一二）漢儒興起，鼓吹貞順，劉向之作列女傳以「避嫌別遠，……終不更二」敍其事；班昭女誡又自認「夫有再娶之義，婦無二適之文。」而陳寡孝婦之一醮不改，文帝使使者賜之黃金四十斤，復之終身，號曰孝婦；宣帝神爵四年並有詔賜貞婦順女帛；安帝元初六年對貞婦且甄表門閭，旌顯厥行；則漢世已獎勵從一之貞矣。(註一三)然無論如何，均莫如宋以後之甚！宋、程伊川既以『凡取以配身也，若取失節者以配身，是已失節也，』認爲孀婦不可取，並答『居孀貧窮無託者可再嫁否』之問曰

『只是後世怕寒餓死，故有是說。然餓死事極小，失節事極大！』(近思錄卷六)

於是朱子與陳師中書，勸其妹守節，遂稱曰『昔伊川先生嘗論此事，以爲餓死事小，失節事大，自世俗觀之，誠爲迂闊，然自知經識理之君子觀之，當有以知其不可易也。』自經程朱深刻地爲夫死不嫁之說後，世俗遂以再嫁爲奇恥。清、王相母爲女範捷錄，其貞烈篇有言曰：『忠臣不事兩國，烈女不更二夫，故一與之醮，終身不移，男可從婚，女無再適，』可知其然。即如毛奇齡雖不主張室女守志殉死合葬，但言外已嫁而成婦者，自應如是焉。惟俞正燮謂『再嫁者不當非之，不再嫁者敬禮之，斯可矣，』實得其平云。(註一四)其在政府之獎勵方面：自元以迄明清，封爵之典不及夫亡改嫁之婦；而明洪武元年令民間寡婦三十以前，夫亡守制，五十以後不改節者，旌表門閭，免除本家差役；清對節婦

貞女並旌表之(註一五)然而違志茹苦，重名輕生者夥矣！

次就事實上關於再嫁之認識言：有夫而與人通，當視爲惡，夫死而再嫁之古不爲嫌。是故孔子之子伯魚卒，其妻嫁於衛；雖生有子思，亦再嫁之，其視再嫁爲不足輕重也可知。(註一六)即在漢世，離而再嫁固甚普通。夫死再嫁例亦極夥：武帝外祖母臧兒，既嫁王仲槐生男信及兩女，仲死，更嫁爲長陵田氏婦，生男蚡勝；蔡邕之女文姬嫁衛仲道，仲道死爲匈奴所擄，充左賢王妾，生二子，曹操以金贖其回國，再嫁爲董祀妻皆是。(註一七)其在帝王方面，若文帝後七年遺詔『歸夫人以下至少使，』荀悅漢紀作『所幸愼夫人以下至少使得令嫁；』景帝後三年遺詔『出宮人歸其家復終身；』平帝崩，『太后詔出媵妾皆歸家得嫁，如孝文時故事；』則雖帝王之尊，亦未見其皆以奉陵爲制，而強其不嫁也。(註一八)但如守志終身，純出個人意志，則亦有足聞者：如前述之陳寡孝婦，以扶養其夫之父母爲職，雖無子而亦不嫁；荀爽之女采年十九而寡，爽使改嫁郭奕，自縊以免；桓鸞之女寡居十年，子忽夭歿，慮不免於再嫁，遂預刑其耳以示決絕。降至魏晉，如夏侯令女夫死無子，父母欲嫁之，則斷髮爲信，後曹氏滅族，父母以其無依，又欲嫁之，則截耳斷鼻，以死自誓；段豐妻慕容氏，年十四適豐，豐被殺，父令嫁人，雖成婚而仍自縊；寡婦淑夫死守志，兄弟將嫁之，誓而不許，爲書責之以義：(註一九)是皆情操所致，非要名也。若夫北魏高聰有妓十餘人，有子無子，皆注籍爲妾，及病，不欲令他人得，並使燒指吞炭，出家爲尼；雖道學亦當指其非正也。此種強其不嫁與強其再嫁均係支配他人意志，大爲不可。然強其再嫁者，在通常情形中，大都以無子或子少而無以爲養者居多，而婦女對於有子被逼，其見拒亦更烈也。(註二〇)迨至隋唐五代，一方面夫婦情好，寡居不嫁者固富其例，一方面則視再嫁仍非過惡。隋、蘭陵公主初嫁儀同王奉孝，奉孝卒，適河東柳述；唐公主不特再嫁，抑且三嫁，視爲固然，不以爲異，故改醮者達二十餘人之多；韓愈之女先適李氏，後嫁樊宗懿，「傳道統」者亦未以爲非。(註二一)五代郭威后柴氏，本唐莊宗宮人；楊氏，本石光輔妻；張氏，本武從諫之子婦；董氏，先嫁劉進超：凡四娶皆再醮婦，則孀婦不可取之理由必亦未成立也。即在宋初，秦國大長公主初適米福德，太祖卽位，再適高懷德，殊與唐同。然以後，除徽宗女榮德帝姬至燕京，駙馬卒，改適習古國王外，前後再無一人，斯不能不謂夫死不嫁之觀念，乃確定於宋興以後也。然其始也，程伊川雖主張失節事大，顧其甥女姪婦皆有改嫁事實，是當時尙未能完全轉變其風可知。(註二二)繼經朱子之提倡，元世之崇尙，而迄於明清士庶遂莫不以再嫁爲恥矣。試舉明史列女傳兩事以例其餘：一曰，孫義婦夫死，育子滑成立，求兄女爲配，甫三年，生二子，滑亦卒。尚書蹇義見其姑婦孤苦，詰曰『何爲不嫁？』對曰『餓死事小失節事大！』義嗟歎久之。一曰，張維娶婦而卒，其婦誓不再嫁，舅姑慰之曰『吾二人累逼矣，爾年尚遠，何以爲活？』婦曰『恥辱事重，餓死甘之！』則程朱學說毒人之深，演成悲慘事實，不知幾何焉！

再就律令上涉及再嫁之規定言：依管子云，齊合鰥寡，自非禁止再嫁，且提倡之矣；惟女子三嫁則入於舂穀耳。秦皇立石會稽『有子而嫁倍死不貞，』乃於有子之條件下，爲再嫁之禁也。漢、有夫死未葬而母嫁之者，或議曰，『夫死未葬，法無許嫁，以私爲人妻當棄市；』董仲舒則曰，『……夫死無男，有更嫁之道也；』然後世夫喪未除，不得改嫁之律，實本或者所議而然。（註二三）隋唐以後十惡條中，卽以此爲『不義，』此非禁其再嫁，乃罪其再嫁非時而已！惟隋禁止品官之婦之妾改醮；唐宣宗詔『夫婦教化之端，其公主縣主有子而寡，不得復嫁；』遼、元、明、清不許命婦於夫死後改嫁，卽命婦之因子孫而受封者亦然。蓋於此種特殊條件下乃爲再嫁之禁也。雖然，依今觀之，再嫁與否爲婦婚之自由，宋儒禁其再嫁，誠不合理，而他人強其必嫁者則亦非法。蓋如『貞潔寡婦，遭値不仁世叔，無義兄弟，或利其娉幣，或貪其財賄，或私其兒子，則迫脅遣送，有自縊房中，飲藥車上，絕命喪軀，孤捐童孩者。……後夫多設人客，威力脅載……；』（註二四）則在漢世已視強嫁者爲犯罪，唐、明、清各律並明定其罰矣。惟須知者，女之祖父母父母強嫁之者，在唐律上並不論罪；淸律則僅女之父母不論罪；蓋往昔視父母之命爲婚姻要件之一，故亦得強其再嫁云。（註二五）

二　婚姻之人爲的消滅——離婚問題

就離婚問題而通論之，在立法主義上則有禁止離婚主義與許可離婚主義之分，並有自由——一稱無因——離婚主義與限制——一稱有因——離婚主義之別；在離婚分類上又有強制離婚、協議離婚、裁判離婚種種之異。（註二六）其在中國往昔，雖視夫妻爲一體，而歸於『天作之合，』並以婦人從一而終，爲其理想然於禮旣有七出之目，於律又有義絕之條，自非採禁止離婚主義也。

（註二七）自由離婚主義祇須根據一方或雙方之自由意志卽可離婚，不須法律上之一定原因存在，不惟協意離婚屬之，卽單意離婚亦然；故學者以七出視爲單意離婚者夥矣。（註二八）然既曰七出，卽係有七種原因存在；且七出並受三不去之限制，則七出亦非可絕對卽屬自由離婚主義也。限制離婚主義乃指夫妻之一方須基於法定之原因始可呈訴其離婚，故裁判離婚屬之，則七出義絕每規定於歷代法例中，自與今日裁判離婚之原因相當，可無疑義。（註二九）然七出乃本於禮而出之，義絕則本於律而出之，本於禮者可出可不出，本於律者則非絕不可；於是兩者之間旣有所異，而義絕之原來地位雖係「有因」，究與現代之裁判離婚性質，不盡合也。因此之故，學者遂又有以違律結婚而離與義絕而離視爲裁判離婚外之強制離婚矣。其實由違律結婚之原因而離，殊與現代法上結婚之無效等事相當，與通常原因之離婚又自有異。愚於本文，係以史的敍述爲立場，僅揭明其問題之所在，而不必事事皆求其與今義合，前已論之，茲仍如舊；惟依左列三綱，分而述焉。

（甲）離婚之意義　離婚云者，夫妻於生前解除其婚姻關係之謂也，惟此純就今義言耳。中國往昔視成婚之義重於成妻，則離婚用語與離異等等用語殊有區別，蓋離婚爲言每祇以消滅與夫家或妻家之姻親關係爲主，而離異云云則非絕對消滅夫妻關係不可也。故在離婚等事之性質上亦有別於今義也。至於社會對於離婚之態度，並因時代有其所異，並附論之。

以離婚之用語爲論：最早稱離婚曰絕婚。左文十二年「杞桓公來朝，始朝公也；且請絕叔姬而無絕婚，公許之；」注「不絕婚，立其娣以爲夫人；」則此絕婚云者乃指絕兩姓之好是也。因離婚爲男家之專權，女子又以夫之家爲家，故指女子之身而言，則曰「出，」於是七出與三不去遂爲對照之言。且「婦人之義嫁曰歸，反曰來歸，」故「郯伯姬來歸，」「杞叔姬來歸」云云，皆指被出而言；其對他人姊妹則僅稱曰歸或大歸，「夫人姜氏歸于齊，」其例也。(註三〇)若夫和離則稱曰棄或稱曰相棄，毛詩序屢言之矣。(註三一)至於離婚用語，依晉書刑法志云：「毌丘儉之誅，其子甸妻荀氏應坐死，其族兄顗與景帝姻通，表魏帝以匄其命，詔聽離婚；」其魏帝之詔用此語句，抑唐太宗撰晉書而用之，未可知也。然劉宋之臨川王義慶撰世說新語也，旣有「賈充前婦是李豐女，豐被誅，離婚徙邊」之語，梁之沈約撰宋書也，又有「王藻尙太祖第六女臨川長公主，諱英媛；……景和中，主讒之於廢帝，藻坐下獄死，主與王氏離婚」之文；則離婚爲語最遲在南北朝即已有之。(註三二)此後，如舊唐書云「固安公主……與嫡母未合，遞相論告，詔令離婚；」新唐書云「李德武妻裴字淑英，安邑公矩之女……德武在隋坐事，徙嶺南，時嫁方踰歲，矩表離婚……；』遼史云『淑哥與附馬都尉盧俊不諧，表請離婚，改適蕭神奴；』又『道宗惠妃蕭氏……選入掖庭立爲皇后，居數歲未見皇嗣；后妹……先嫁乙辛子綏也，后以宜子言于帝，離婚，納宮中：』皆有『離婚』用語，（註三三）可知其已甚普遍矣。惟在律令上則不用『離婚』兩字，改用『離』『離之』『和離』『兩願離』等語，唐律及其疏義可證；而明清律又有『離異歸宗』之語也。惟民間關於出妻之事，不曰出而曰休，故出妻稱曰休妻，出妻之文件稱曰休書；其用語北宋時已有，東軒筆錄載汴京諺語曰『王太祝生前嫁婦，侯工部死後休妻』云云，卽其一證。

以離婚之性質爲論：往昔之所謂離婚以絕兩姓之好爲主，故杞桓公絕叔姬而不絕婚。卽出妻係以夫之名義行之，似與家族問題無關，然在實質上『子甚宜其妻，父母不悅，出；子不宜其妻，父母曰「是善事我，子行夫婦之禮焉，」沒身不衰；』則出妻亦不問乎兩性情感如何矣。是故不僅孔雀東南飛之詠爲千古所悲，且『君聽姑惡聲，無乃遣婦魂，』亦足證明舉世之同恨。（註三四）所以然者，既視婚姻爲兩姓之事，而與個人之關係較微，則在其解除時自亦以配偶以外之關係爲重焉。因之，離婚後而個人關係仍能復續者有之，夫婦一方死亡而仍然離婚或出妻者有之，均與現代法不同其趣。前者若賈充已與李豐之女離婚，豐女遇赦，充已娶郭配女，武帝特聽置左右夫人；劉仲武以毌丘儉之誅，出其妻毌丘氏，另娶王氏，爲毌丘氏別舍而不告絕：蓋僅兩姓關係之絕，夫妻身分未盡絕也。後者如劉宋臨川長公主，其夫已下獄死而主猶與王氏離婚；梁元帝徐妃，爲帝所疾，太淸三年逼令自殺，妃知不免，乃透井死，帝以屍還徐氏，謂之出妻；宋侯叔獻爲王荊公門人，娶魏氏女少悍，叔獻死而帷薄不肅，荊公奏逐魏氏婦歸本家：蓋一方死亡雖絕夫妻之共同生活關係，而姻親關係等等仍未見絕，故依然以『離婚』『出妻』之手段而絕之也。（註三五）至於律令上之『離』『兩願離』等等指示；尙與現代之『離婚』用語相當；然明淸律旣間以『離異歸宗』爲言，則亦隱然含有家族之意味於內也。

以離婚之趨勢爲論：說者有謂古代實際上大都以離婚乃人生慘事，最爲可醜，故上流社會敢於離婚者極少；卽如春秋戰國時代，中冓之亂極矣，然記載離婚之事並不多見。例如無子爲七出之一，可以去矣；而衞莊姜無子，且莊公多淫寵姬數人，亦未嘗去莊姜也。淫僻亦七出之一，可以去矣；而魯桓夫人齊姜淫亂，與兄襄公通，亦未嘗出齊姜也云云。（註三六）其實不然。依前所述，再嫁既非與禮極反，離婚自不視爲畏途，觀於晉重耳奔狄，將適齊，謂季隗曰『待我二十五年不來而後嫁，』卽知相離再嫁，並無如何有失。應出而不出之者固有其例，而出之者亦未嘗以爲醜也。春秋所載『來歸』之辭非一，若子叔姬、郯伯姬、杞叔姬皆是，此猶就魯女而言，其他被出者不知若干例矣。（註三七）卽以孔子之家，數世出妻不以爲嫌；孟子之娶，婦不客宿尙自請去；而黎莊公之傅母，則直曰『夫婦之道，有義則合，無義則去，』蓋當時之通論也。（註三八）不過古人忠厚，雖出妻不必卽以惡言相向，故『諸侯出夫人，夫人比至于其國，以夫人之禮行，至以夫人入。使者將命曰「寡君不敏，不能從社稷宗廟，使使臣某敢告於執事。」……妻出，夫使人致之曰「某不敏，不能從而共粢盛，使某也敢告於侍者。」』『曾子去妻，黎蒸不熟，問曰「婦有七出，不蒸亦預乎？」曰「吾聞之也，絕交令可友，棄婦令可嫁也，黎蒸不熟而已，何問其故乎？」』此外管子云『士三出妻，逐於境外，』則對於再三出妻者似亦有所不滿，與『女子三嫁入於舂穀』之用意同然。（註三九）如再就漢代史實以言，則視離婚之事亦甚自由，平陽公主嫁於曹壽，壽有惡疾，遂詔衞青尙主；臧兒長女嫁爲金王孫婦已生一女，臧兒奪之，納於景帝；甚如高祖長公主已嫁趙王敖，婁敬竟說高祖，欲離之和親匈奴，苟非呂后不悅，則亦必成事實。（註四〇）降而至唐公主再嫁者甚多，其中必有因離而然者。他如雲溪友議載楊志堅之妻求去，雖顏魯公不能斷其復合，僅決二十而任其改嫁，亦一顯例。宋時，世俗漸視出妻爲無行，爲醜行，故士大夫難之，遂不敢爲；然司馬光則曰『夫妻以義合，義絕則離；』卽程子猶曰『妻不賢，出之何害？』（註四一）不過此僅就夫之專權而言，若女子之求去，恐又必受『從一而終』之限制，則在實際上離婚並不如前代之自由矣。元脫脫之修遼史也，爲公主表，凡離婚改嫁之事既不列入『下嫁』欄，又不列入『事』欄，乃併入『罪』欄，蓋可知也。直至淸時，有錢大昕者，固以七出爲正，偏向男子方面，但對離婚則主張自由。善夫其言曰：

『夫父子兄弟以天合者也；夫婦以人合者也；以天合者無所逃於天地之間，以人合者，可制以去就之義。……先王設爲可去之義，合則留，不合則去，俾能執婦道者，可守從一之義；否則寧割伉儷之愛，勿傷骨肉之恩。故嫁曰歸，出亦曰歸，以此坊民，恐其孝衰於妻子也。……去婦之義，非徒以全丈夫，亦所以保匹婦，後世閭里之婦，失愛於舅姑，讒間以叔妹，抑鬱而死者有之，或其夫淫酗凶悍，寵溺嬖媵，陵憑而死者有之；準之古禮，固有可去之義，亦何必束縛之，禁錮之，置之必死之地而後快乎？』

且認為先儒雖戒寡婦之再醮，以為餓死事小，失節事大，實則全一女子之名其事小，得罪於父母其事大；故父母兄弟不可乖，而妻則可去，去而更嫁者不謂之失節。又以婦犯七出之條，有司之斷斯獄者猶欲合之，知女之不可事二夫，而不知夫婦道者，雖事一夫，未可以言烈也云云。（註四二）則依其言，宋、元以後，律雖設有七出之條，有司廢而不用已久，並可藉而知焉。

（乙）離婚之原因　夫之出妻往昔最為普通，妻之去夫後世視為非正，和離與相棄亦例之所有，強離與義絕又事之特出。若夫請求有司而求其去，則在形式上頗類今世之裁判離婚，惟其事多與他端相關，不再為詳，僅附論於各端中而已。

以出妻為論所視為最正當之原因者，則為七出，此或儒家所創，一若今世民法設有離婚之原因，逾此條目則不應出也云。大戴禮本命篇云，婦有七去：……不順父母，為其逆德也；無子，為其絕世也；淫，為其亂族也；妒，為其亂家也；有惡疾，不可與共粢盛也；口多言，為其離親也；盜竊，為其反義也。惟何休註公羊則以無子、淫佚、不事舅姑、口舌、盜竊、嫉妒、惡疾爲目次，並稱之爲七棄；孔子家語同，稱曰七出；其目次乃後世禮律之所本。據云，天子諸侯之妻無子不出，則猶有六出；然天子之后雖失禮無出道，廢遠而已，故無子則亦不廢。(註四三)凡此七出之理由皆與宗法制度有其關係，(註四四)即以盜竊而論，亦因子婦無私貨私畜私器，不敢私假私與之觀察而來，故如衞女遂以多私而被出之矣。然在另一方面，則又受三不去之限制：三不去云者，『嘗更三年喪，不去，不忘恩也；賤取貴不去，不背德也；有所受無所歸，不去，不窮窮也。』(註四五)所謂『貧賤之交不可忘，糟糠之妻不下堂』，『古人雖棄婦，棄婦有歸處，』即本此義而言耳。(註四六)七出三不去之文或載於漢令，今不可考；然『信無子而應出，自典禮之常度，』則漢魏重視七出，自甚顯然。(註四七)唐七出定之於令，而律則規定『諸妻無七出及義絕之狀而出之者徒一年半，雖犯七出，有三不去而出之者杖一百，追還合；若犯惡疾及姦者不用此律。』蓋用以爲出妻之限制，惟犯惡疾及姦，雖有三不去情狀亦在出限而已。至所謂無子之出，在解釋上，依律妻年五十以上無子，聽立庶以長，即是四十九以下無子，合未出之；顧如是則當無子而出之際，三不去之條件於實際上必有完成者；故無子而出，雖不合理，於唐律則已等諸具文矣。(註四八)元典章休棄門亦有七出三不去之記載，惟僅使犯姦者不受三不去之保障而已，明、清律同。明、劉基對於七出極反對惡疾與無子兩事之不合理；謂「惡疾之與無子，豈人之所欲哉？非所欲而得之，其不幸也大矣！而出之，忍矣哉！」(註四九)然王禕則又駁之謂「妻道二，一曰奉宗祀也，一曰續宗祀也，二者人道之本也；今其無子，則是絕世也；惡疾則是不與共粢盛也，是義之不得不絕者也。……夫婦之道以義合，以禮成者，其成也則納之以禮，不合也則出之以義，聖人之所許也。……謂婦人無子惡疾爲不當去，而欲減七出爲五出者，可謂野於禮也已！」其實七出在律已成具文，清錢大昕所謂「自七出之法不行」云云可知，故七出也，五出也，祇事理上之爭論而已！(註五〇)清律「凡妻無應出……之狀而出之者，杖八十，雖犯七出，有三不去而出之者減二等，追還完聚。」輯註云「七出，于禮應出；三不去，于禮應留；義絕必離，姑息不可；七出于禮可出，未必卽謂之應出，與義絕不同，」是七出無必然性可知。既非必出不可，則雖犯七出之條，而後世以婦人不貳節爲旨，於是有司遂以勸其和諧是務矣。由此觀之，七出屬於夫方專權離婚之事，於現代誠極不合理由，然在往昔，則設此七種條件以限制其專權之行使，故黎蒸不熟，或人卽以爲問，對社會亦未嘗無相當之功效也。蓋往昔男權高張，女子或以色衰而被棄，男子或以富貴而再娶，比比皆是。且如周時公儀子相魯，之其家，見織帛，以奪民之利，怒而出其妻；唐時某甲以其妻於姑前叱狗而出之，其妻向白居易前訴非七出：又皆以細故而出。則在禮法上設為七出之條件，並受三不去之限制，實不容已也。(註五一)

以去夫為論：夫婦相離，雖以夫之出妻為常，然妻之去夫者，歷代亦有其例，惟後世律令則嚴為禁止耳。太公望，齊之逐夫，此原於贅婚關係，故妻能出其夫，固無論矣。然如前述孟子既娶將入私室，其婦袒而在內，孟子不悅，遂去不入；婦以「婦人之義，蓋不客宿，」辭孟母而求去，則在古代社會中，婦固可以自去也。降而如漢朱買臣妻憎買臣貧而求去；宋臨川長公主譏其夫於死而離婚；唐楊志堅妻不望錦衣而求改嫁；遼道宗女越國公主以駙馬蕭酬斡得罪而離之：不問其正不正，皆妻去夫之例也。(註五二)惟在後世一般情形中，每以夫有出妻之理，妻無去夫之道，女子既不得向夫提出離婚，惟有逃之而去，如是則認為「心乖唱和，意在分離，背夫擅行，有懷他志，」較夫無故出妻，重其罪矣。唐律云「妻妾擅去者徒二年，因而改嫁者加二等，」是惟「室家之敬亦為難久，帷薄之內能無忿爭，相嗔暫去，不同此罪」耳。後周又重其刑，擅去者徒三年，因而改嫁者流三千里；宋與唐同。元、諸婦人背夫棄舅姑出家爲尼者杖六十七，還其夫；是亦不許妻之擅去也。明淸律，『若妻背夫在逃者，杖一百，從夫嫁賣；因而改嫁者絞，』則並以價賣爲示其罰。淸末始改『嫁賣』之文爲『聽夫離異，』則妻因離婚之不得而逃，其結果反成爲夫之賣妻出妻根據矣。（註五三）然則妻無去夫之事由乎？亦有之，乃在一定情形下，本於夫之過犯經官斷離而已！然此並非妻之去夫，乃官之強離，妻縱不願亦不能不離也。惟有一事，夫逃亡而妻得以去之，尚不失爲妻絕其夫之例。惟仍須經官乃可，此頗與現代之呈訴離婚相類。元、曾有女壻在逃，依婚書斷令兩離之事例；不過旋即僅令有司教諭，不許以離爲斷矣。洪武二年令，夫逃亡過三年不還者，聽經官告給執照，別行改嫁；不過依律『其因夫逃亡，三年之內，不告官司而逃去者，杖八十；擅改嫁者杖一百，妾各減二等，』仍有罰焉。淸律例同。（註五四）不特一般情形中，妻之去夫爲難，即贅婚中亦然，逐壻嫁女之罰非輕，可以知也。

以和離爲論：協議離婚古亦有其事，周禮地官媒氏云『娶判妻……皆書之；』鄭鍔注云『民有夫妻反目，至於仳離，已判而去，書之於版，記其離合之由也；』蓋不問其原因如何，祇須男女合意分離，即可離矣。然除此琴瑟不調，改弦更張之情形外，並有由種種外因，演成相棄之現象者，尚嘗於中國古代婚姻史中分相棄爲四種，除淫於新婚，夫妻離絕，責在男子外，若鄭風之『兵革不息，男女相棄；』若王風之『凶年饑饉，室家相棄；』若衛風之『男女無別，遂相奔誘，華落色衰，復相棄背；』雖與通常和離有異，究亦非單方求離之比。（註五五）且在所謂『禮義消亡，淫風大行』之時地，男女之婚配也簡易，則其離棄也不難，於是由小故而反目，以致兩願離者，必更成爲通常之現象。後世各律雖准許夫婦之和離，然在實際上妻易爲夫虐待，妻求去，夫往往不許；況以妻無去夫之理以制之，則和離之規定實一具文也。雖如遼史載『景宗女淑哥與駙馬都尉盧俊不諧，表請離婚；』『聖宗女巖母堇……改適蕭海里，不諧，『離之；』『興宗女跋芹與駙馬都尉蕭撒八不諧，離之；』此不過依帝女之威而如此耳。（註五六）至於律之所規定，有若唐律『若夫婦不相安諧而和離者不坐；』疏義『謂彼此情不相得，兩願離者不坐；』元律『諸夫婦不相睦……和離者不坐；』明、清律『夫婦不相和諧，兩願離者不坐』皆是。此外，明清律中，夫毆妻至折傷以上，先行審問，夫婦如願離異者，斷罪離異，不願離異者，論罪收贖；則以妻方可以請求離婚之理由，改爲協議，殊失公允；蓋夫正可不同意離婚，而以論罪納贖了事，且可繼續其虐行，以圖報復也。

以強離爲論最主要者爲義絕，唐律謂『妻無七出及義絕之狀而出之者徒一年半，』又謂『諸犯義絕者離之，違者徒一年；』其首見也。何謂義絕？疏義謂『毆妻之祖父母父母，及殺妻之外祖父母，伯叔父母兄弟姑姊妹；』此其一，乃夫有毆之事實，始犯義絕也。『夫妻祖父母，父母，外祖父母，伯叔父母，兄弟姑姊妹自相殺；』此其二，乃雙方親屬相屬，雖與夫妻本人無涉，並犯義絕也。『妻毆詈夫之祖父母殺傷夫外祖父母，伯叔父母兄弟姑姊妹；』此其三，乃不僅毆，卽詈仍犯義絕也。『與夫之緦麻以上親若妻母姦；』此其四，乃從夫妻雙方各定其姦之範圍，以示義絕也。『欲害夫者；』此其五，乃對夫害妻不問，獨以妻害夫爲義絕也。其間，妻所負之責任特重，殊不平等。（註五七）義絕之所以必離者，蓋夫妻原以義合耳。違而不離，則歸責於不離之一人，倘兩不願離，則以造意不離者爲首，隨從者爲從；惟此皆謂官司判爲義絕者方坐，未經官司處斷，則不合此科；斯又唐律之義也。明、清律之規定除刑度外與唐同，現行律則爲『凡妻於七出無應出之條及於夫無義絕之狀而擅出之者，處八等罰；』又『若犯義絕而不離者，亦處八等罰』云。然依清律註，則謂『義絕者，謂於夫婦之恩情禮義，乖離違礙，其義已絕也。律中未嘗備詳其事，而散見於各條之中；』是採擴張之解釋，宜乎或稱義絕之爲詞渾涵也！蓋如受財將妻妾妄佔姊妹嫁人者，縱容或抑勒妻妾與人通姦者，皆可視爲義絕，須離異也。(註五八)反之，如妻毆夫，夫毆妻至折傷以上，亦認爲義絕，但願離之者始離之也。以之學者遂謂向之強制離婚，惟義絕一種而已！至於諸違律結婚，若干分嫁娶，非偶嫁娶，及男女有配偶而重娶重嫁者，亦須離異；說者謂此乃係法律之所禁，根本卽不成立婚姻，故不得視同離婚，愚按今義則亦云然。但舊律旣未採用婚姻無效或可得撤銷一類之語，而仍用「離」或「離異」之語表示，就史言史，似亦可稱其爲強制之離婚云。(註五九)

（丙）離婚之效力　離婚除違律而離之外，在古昔亦視爲其效力僅向將來發生，而使婚姻關係從此終止。姓氏稱冠歸於原態，同居義務隨而解除，貞操拘束不必遵守，姻親關係同告銷滅，大體言之，固與現代無異也。然若詳細察之，則亦有同有異焉。

以夫妻關係爲論：古之所謂絕婚離婚重在絕兩姓之關係，故雖出妻而與其同來之媵娣不消滅關係者有之，前述杞桓公絕叔姬，以其娣爲夫人而不絕婚是也。大叔疾出其妻，而仍誘致其娣，寘於犂，與後娶者同居一宮，如二妻，亦是也。惟對於所出者，則亦視爲斷絕夫妻關係，因之，魯成九年春王正月，杞伯來逆叔姬之喪以歸，公羊卽稱係脅內歸之，穀梁更以夫無逆出妻之喪示之焉。（註六〇）降至秦漢魏晉或則本於五不娶之見解而與逆家亂家之女不婚，且嘗因罪及出嫁之女，於是女家有罪婚姻每歸於解除；（註六一）或則行罪及妻孥之令，而爲免禍同誅，亦往往以離婚方式避之；是故所謂離婚者，又係遠離其家而已。雖離婚後，男可再娶，但女如遇赦得還，則夫妻關係依然存在；雖離婚後，女可再嫁，但女之不嫁者社會上視爲正則，男如遇赦，則仍繼續其夫妻關係；例已見前，不必重舉。然則所謂『離婚』之效力，並非絕對卽消滅夫妻之關係也可知。惟在律令上所用『離異』情形之下，與今之離婚用語尙近，夫妻關係自因離婚而消滅矣。元律並規定『諸棄妻改嫁，後夫亡，復納以爲妻者離之；』（註六二）則旣嫁而欲於其後夫死後重合亦所禁止，但如棄妻未嫁，則原來之夫婦仍可再婚，似又當然之解釋也。

以母子關係爲論：父母子女之關係本諸自然之血統所致，無所逃於天地之間；故夫妻雖因離婚而消滅其關係，但其子女與其母之血親關係，則仍存在，不過稍有變更耳。依儀禮喪服所示，父卒爲母服疏衰三年，父在爲母服疏衰期；然出妻之子爲母亦服疏衰期，不絕其服。惟『絕族無施服』

遂爲外祖父母無服；且爲父後者則爲出母無服，蓋與尊者爲一體，不敢服其私親也。（註六三）易詞以言，母子至親固無絕道，但旣絕族而去，則母黨之恩卽隨同而絕；因之，嫡子承重，以續祭祀，此際，更不敢以己之私，對出母服矣。（註六四）雖然，古昔對此問題，亦非一致，卽以孔子之家而論，依檀弓所記：『子上之母死而不喪。門人問諸子思曰，「昔者子之先君子喪出母乎？」曰，「然！」「子之不使白也喪之，何也？」子思曰，「昔也吾先君無所失道，道隆則從而隆，道汚則從而汚，伋則安能？爲伋也妻者，是爲白也母，不爲伋也妻者，是不爲白也母。」故孔氏之不喪出母，自子思始也。』然在後世究視不斷絕母子關係爲正，大清律例喪服圖輯註謂嫁母雖義絕於父，出母雖爲父所絕，而子無絕母之義，故皆服杖期，乃以儀禮所示是承得其要也。至對於子女之監護問題，歷代法令誠無此種規定，第妻之去也與族爲絕，子女又因與父血統關係而屬於族，則離婚後母無監護子女之責，甚爲顯然。是以蔡文姬被贖而歸，其二子卽不能不遺於胡；『喜得身還兮逢聖君，嗟別稚子兮會無因；』『漢使迎我兮四牡騑騑，胡兒號兮誰得知；』『日月無私兮曾不照臨，子母分離兮意難任；』遂爲十八拍中之血淚語矣！劉宋臨川長公主雖自絕於王氏，而子則仍歸於夫族，殆後因再嫁不成，思子情深，遂

又表乞還身王族，守養弱嗣，則妻於離婚後不能監護其子女，蓋成當然，故必表請還身夫族而後可也。(註六五)

以姻親關係爲論：此歸於消滅無何問題；唐、明、清律，妻妾毆詈故夫父母等加以相當懲治，乃指夫亡改嫁者而言若被出及和離者，則義已絕舅姑之名分不存，卽無適用此律之必要矣。惟須注意者，近親不婚早爲禁例，凡受此項限制者，於離婚後並不因姻親關係之消滅而解其禁也。唐律，嘗爲小功以上親之妻而嫁娶者，以姦論，妾減二等，離之；疏義謂『以姦論者並依姦法，小功之妻若寡在夫家而嫁娶者，各依姦小功以上妻法；其被放出或改適他人，卽於前夫服義並絕，姦者依律，止是凡姦。』雖曰服義並絕，但仍以凡姦論，且須離矣。明、清律，娶親屬妻妾條雖規定其親之妻曾被出及已改嫁，而娶爲妻妾者，科罰從輕，然仍各杖八十；倘兄亡收嫂弟亡收婦，不問被出改嫁，各絞，而收父祖妾伯叔母者，亦不問被出改嫁，各斬；蓋姻親之關係雖絕，而倫常之道不可廢也。今我民法中亦有類似之規定云。(註六六)

以財產關係爲論：今之夫妻財產制原未成立於往昔，已如前述，則離婚及於財產方面之效力鮮矣。顧亦有可得而言者，禮記雜記『諸侯出夫人，……有司官陳器皿，主人有司亦官受之；』注『器皿其本所齎物也律「弃婦畀所齎」。』疏『有司官陳器皿者，使者既得主人答命，使從已來有司之官陳夫人嫁時所賫器皿之屬，以還主國也；主人有司亦官受之者，主人亦使有司領受之也，並云官者，明付受悉如法也。』韓非子外儲說亦云，吳起出妻，『使之衣而歸；』則容飾之事又其次也。漢律既有『棄婦畀所齎』之條，是與古同。然在以後，離婚而出於女方罪過者，夫家則抑留其私財，不畀其所齎，惟和離者，女之現在衣飾嫁裝，憑中給還女家，淸有其例焉。至前大理院時代，始明認『離婚之婦無論由何原因，其粧奩應聽攜去』云。(註六七)此外，若離婚時之贍養問題，今之所重，古則無之。但三不去中，『有所取無所歸，不去，』係謂婦被出時，家中父母不在，並無歸處，則不得而出之，此亦重視其離婚後之生活問題也。其與今異者，一以給與相當之贍養費爲補救方法，一直列爲不得離婚之原因耳。(註六八)

(註一)見易序卦，詩鄭風女曰雞鳴章，小雅我行其野章。

(註二)參照張紳中國婚姻法綜論第一六八——一七〇頁，胡長清譯婚姻法之近代化第一〇七——一一〇頁。

（註三）參照民法第九九四條。

（註四）公羊莊十八年傳文及註疏。

（註五）參照左傳『繼室以聲子』疏，朱子語錄。

（註六）見孔子家語，琴操及顏氏家訓後娶篇。

（註七）見陳東原中國婦女生活史第一三八頁所引性理大全。

（註八）宋書后妃傳孝懿蕭皇后條，宋史后妃傳孝明王皇后條。

（註九）參照程樹德中國法制史第一五四頁，唐律疏義卷二十二及清律卷二十八及註。

（註一〇）再醮或稱改醮，原指男子再婚而言，後男女兼用，今則專用於女子再嫁或改嫁方面。

（註一一）參照呂誠之中國婚姻制度小史第五九頁。

（註一二）易恆卦六五象曰，儀禮喪服，孔子家語本命解，姚際恆古今僞書考。

（註一三）見劉向列女傳卷三陳寡孝婦條，漢書宣帝紀及後漢書安帝紀。

（註一四）見禁室女守志殉死文及節婦說。

（註一五）參照元典章，明清會典封贈門，又明會典旌表門，清會典風教門。

（註一六）參照禮記檀弓『子思之母死於衛』鄭玄注。

（註一七）漢書外戚傳及後漢書列女傳。

（註一八）見西漢會要卷六出宮人條及漢書景帝本紀注。

（註一九）參照後漢書列女傳，呂新吾閨範，晉書烈女傳，歷代女子文集引。

（註二〇）魏書高聰傳及各史列女傳。

（註二一）隋書列女傳，新唐書公主傳及中國婦女生活史第一一八頁。

（註二二）新五代史周家人傳及宋史公主傳。

（註二三）程樹德九朝律考第一九八頁董仲舒春秋決獄。

（註二四）王符潛夫論斷訟。

（註二五）唐律戶婚下，明淸律戶律婚姻篇。

（註二六）參照胡長淸中國婚姻法論第二六二—二六五頁，程樹德中國法制史第一五二—一五三頁及法律大辭書強制離婚各該條。

（註二七）詩『文王初載，天作之合』；馬太福音第十九章『神作之合者，人不得而離之』；可參照也。

（註二八）胡長淸中國婚姻法論第二六四頁註九，徐朝陽中國親屬法溯源第一二六頁。

（註二九）參照法制夜刊陶彙曾離婚原因之義絕。

（註三〇）禮記內則疏『出謂出去也』，穀梁成五年，左宣十六年及文十八年傳文。

（註三一）參照陳顧遠中國古代婚姻史第四九—五一頁。

（註三二）世說新語賢媛篇，宋書后妃傳孝武文穆王皇后條。

（註三三）舊唐書北狄傳，新唐書列女傳，遼史公主表與后妃傳。

（註三四）禮記內則，孔雀東南飛序，陸游詩句。

（註三五）世說新語及王隱晉書，晉書禮志，南史后妃傳，宋人軼事彙編卷十。

（註三六）見中華法學雜誌三卷九號廖維勳譯東川德治中國法制史研究離婚概說。

（註三七）左僖二十三年傳文；春秋文十五年，宣十六年，成五年。

（註三八）禮記檀弓，列女傳母儀傳及貞順傳。

（註三九）禮記雜記下，白虎通諫諍及管子小匡篇。

（註四〇）漢書衞青傳，外戚傳及婁敬傳。

（註四一）中國婦女生活史第一四一—一四五頁。

（註四二）全文見楊鴻烈中國法律發達史第一二二—一二三頁所引，惟內有錯字數處。

（註四三）公羊莊二十七年何休注，儀禮喪服『出妻之子爲母』疏，禮記內則疏引易同人六二及鼎初六鄭注。

（註四四）參照陶希聖婚姻與家族第四八—五〇頁。

（註四五）公羊莊二十七年何休注，並參照孔子家語本命解，大戴禮記本命篇。

（註四六）後漢書宋宏傳及顧況棄婦詞。

（註四七）九朝律考第一四一頁及曹植出婦賦。

（註四八）唐律疏義卷十四戶婚下，又九朝律考引李慈銘越縵堂日記云云。

（註四九）見其所著郁離子，中國法律發達史謂係宋濂著，誤。

（註五〇）皇明文衡卷九，程樹德中國法制史第一五三頁。
（註五一）參照中國婦女生活史第八一—一三頁，呂誠之中國階級制度小史第一三頁，白居易長慶集判文。
（註五二）漢書朱買臣傳，宋書后妃傳，雲溪友議，遼史公主表。
（註五三）唐律疏義卷十四，宋刑統卷十四，元史刑法志戶婚，明清律戶律婚姻。
（註五四）元典章戶部嫁娶門，明會典卷二十婚姻。
（註五五）中國古代婚姻史第四章。
（註五六）中國婚姻制度小史第七二頁，遼史公主表。
（註五七）中國婦女在法律上之地位第五三頁。
（註五八）唐律疏義卷十四，清律婚姻篇出妻條注，典雇妻女條注，犯姦篇縱容妻妾犯姦條。
（註五九）東川德治不認爲離婚，程樹德則承認之。
（註六〇）左哀十一年傳文。春秋成九年及三傳文。
（註六一）五不娶見大戴禮本命篇及孔子家語本命解。
（註六二）元史刑法志戶婚。
（註六三）喪服疏『絕族者，嫁來承奉宗廟，與族相連綴，今出，則與族絕，故云絕族也；無施服者，傍及爲施，以母爲族絕，則無傍及之服也。……爲父後者謂父沒適子承重；……父已與母無親，子獨親之，故云私親也。』
（註六四）參照禮記服問及喪服小記注疏。

（註六五）梁乙眞中國婦女文學史綱第八四—九四頁及宋史后妃傳。

（註六六）民法第九八三條第二項『前項姻親結婚之限制，於姻親關係消滅後亦適用之。』

（註六七）前大理院六年上字第一一八七號判例。

（註六八）民法第一〇五七條參照。